AF494661

LES BIENHEUREUX
DENIS DE LA NATIVITÉ
ET
RÉDEMPT DE LA CROIX

Ln 27
47694

LES BIENHEUREUX MARTYRS :

PÈRE DENIS DE LA NATIVITÉ ET FRÈRE RÉDEMPT DE LA CROIX

Carmes-Déchaussés

DEUX MARTYRS CARMES DÉCHAUSSÉS

LES BIENHEUREUX DENIS DE LA NATIVITÉ ET RÉDEMPT DE LA CROIX

BIBLIOTHÈQUE NATIONALE R.F. IMPRIMÉS

PAR

Le P. THOMAS de JÉSUS

DU MÊME ORDRE

PARIS
LIBRAIRIE BLOUD ET BARRAL
4, RUE MADAME ET RUE DE RENNES, 59
1900

Tous droits réservés.

J. ✝ M.

Fr. BERNARDINUS a Sa Teresia,

Praepositus generalis Fratrum Excalc. Ordinis B. V. Mariae de Monte Carmelo ejusdemque S. Montis Prior.

Cum opus cui titulus : *Deux Martyrs Carmes déchaussés*, a R. P. Fr. Thoma a Jesu, provinciae nostrae Avenionensis sacerdote professo, conscriptum duo doctores nostri examinaverint, nihilque in eo invenerint quod fidei aut moribus adversetur, per praesentes facultatem concedimus quod, servatis servandis, edi possit.

Datum Romae, ex aedibus nostris generalibus SS. Teresiae a Jesu et Joannis a Cruce, die 20 Augusti 1900.

Fr. BERNARDINUS a S. Teresia,
Praepositus generalis

Fr. ELIAS a Matre misericordiæ,
a secretis

Imprimatur

Parisiis, die 24 Augusti

P. FAGES, V. G.

A

MARIE IMMACULÉE

GLOIRE DU CARMEL ET REINE DES MARTYRS

est humblement dédiée cette histoire des deux premiers Carmes déchaussés que couronna l'Église pour avoir rendu à Jésus-Christ le témoignage du sang.

CHAPITRE I

Premières années du bienheureux Denis

(1600-1619)

DEUX MARTYRS
CARMES DÉCHAUSSÉS

CHAPITRE PREMIER

PREMIÈRES ANNÉES DU BIENHEUREUX DENIS (1600-1619)

Comment se prépare le berceau d'un martyr. — La famille Berthelot. — Bon enfant. — Piété précoce. — C'est si beau, la mer ! — L'éducation à bord. — Il s'embarque pour les Indes.

Le 12 décembre de l'année 1600, Pierre Berthelot-Dupéral (1), chirurgien de marine résidant à Honfleur, présentait aux fonts baptismaux de la paroisse Sainte-Catherine son fils premier-né. C'est de cet enfant, appelé aujourd'hui dans l'Eglise le bienheureux

(1) Ce nom, d'après M. Bréard, auteur d'une *Histoire de Pierre Berthelot* (Paris, Picard, 1898), s'orthographie aussi Dupeyral. Le Père Philippe lui donne la forme noble : du Péral.

thélemy, en pleine effervescence de la Ligue, n'aurait certes pas laissé un religionnaire se parer d'une charge à la cour, fût-ce celle de lieutenant-barbier. Nous pouvons donc à bon droit supposer que, si François Berthelot s'exila, ce fut pour échapper aux tracasseries, aux périls de conscience, et qu'il choisit tout exprès la catholique cité de Honfleur, dont les portes restèrent fermées à Henri IV jusqu'à ce que ce prince eût abjuré (1).

Il fut rejoint par son neveu Pierre. On ne sait ni à quelle époque ni à quelle occasion. Ce fut, dans tous les cas, un coup de Providence : Pierre Berthelot, né dans le calvinisme, rentra ainsi de bonne heure, peu de temps sans doute après l'âge de raison (2), dans le giron de l'Eglise ; une éducation

(1) Momentanément conquise en 1590, Honfleur fut aussitôt reprise par les troupes de la Ligue. Sa soumission définitive n'eut lieu qu'en 1594.

(2) C'est ainsi, croyons-nous, qu'il faut interpréter la phrase de Philippe de la Sainte-Trinité :... *Juvenis adhuc hæresi calviniana* (laboravit). Le mot *juvenis* ne doit pas être pris dans son sens strict mais dans celui d'adolescent. — Le P. Philippe de la Sainte-Trinité, dans son *voyage d'Orient* que nous citerons très souvent (édition de Lyon, 1652) et dans son *Decor Carmeli*, est la principale source pour cette histoire.

vraiment chrétienne le prépara à devenir le père d'un saint. Parvenu à l'âge d'homme, il embrassa la profession de l'oncle qui l'avait élevé. Mais il la releva par un heureux mariage en épousant, le 21 juillet 1598, Floride Morin, fille du sieur de Chamelonde (1). Dès lors, le Bienheureux pouvait naître : une famille honorable était constituée pour le recevoir ; dans son berceau, avec le trésor de la foi pour laquelle il devait mourir, il allait trouver les traditions de forte et pieuse vie qui furent l'honneur de ce XVIIe siècle et qui formèrent tant de grandes âmes, tant de hauts caractères.

Aux fils aînés on attribue souvent le prénom paternel. Celui de Pierre, que reçut en vertu de cet usage le premier enfant du chirurgien Berthelot, paraît au Père Philippe (2) avoir eu un sens prophétique : « Ce fut, dit-il, un présage infaillible et de ses futurs emplois et de son éminente sainteté, puisqu'il a depuis si généreusement imité ce saint

(1) Chamelonde était un domaine seigneurial dans la forêt de Touques. Cette alliance faisait donc entrer la famille Berthelot dans la noblesse du pays.

(2) Voir page 6, note 2.

apôtre en l'art de la navigation, en son ardente charité et en son glorieux martyre (1). » Quoi qu'il en soit de ces vues subtiles, il est certain que l'enfance de Pierre fut édifiante et embaumée de piété. Les magistrats de Honfleur en ont témoigné dans une déposition authentique.

Il était d'un excellent naturel et très obéissant à ses parents. Cinq frères et quatre sœurs étant venus successivement peupler le foyer (2), sa mère lui fit de bonne heure partager les soins d'un si lourd ménage. Tranquillement, sans témoigner de dégoût, il se donnait à ces besognes, pénibles et fastidieuses pour son âge. Sa grande récréation était de s'échapper quelquefois pour aller dans les églises assister aux offices ou vaquer à des exercices de dévotion. On l'y voyait,

(1) *Voyage d'Orient*, p. 436.

(2) Les garçons se nommaient : François, Jean, André, Louis, Gessin. Quant aux filles, deux s'appelèrent Jacqueline, la première étant morte en bas âge ; les deux autres étaient jumelles, elles avaient nom Rachel et Marie. Au temps où le Père Philippe écrivait, (vers 1645), il n'en restait que deux sur les quatre. Elles menaient « une vie honnête et irréprochable dans le mariage aussi bien que leurs cinq frères ».

dit-on, avant qu'il eût six ans, prier tout seul, à genoux et avec grande ferveur.

Les sanctuaires ne manquaient pas. Outre deux paroisses urbaines, Sainte-Catherine où Pierre avait été baptisé et Saint-Léonard, il y avait, tout près de la ville, l'endroit où s'élevait, dès le XIe siècle, la célèbre chapelle de Notre-Dame-de-Grâce. Un éboulement de la falaise l'avait, il est vrai, démolie ; mais le pèlerinage n'avait point cessé pour cela et l'on préparait justement alors la construction d'un nouvel édifice, celui qui se voit encore de nos jours (1). Il nous plaît de contempler le marin de demain, le Carme et le martyr futur, s'acheminant, seul ou en famille, le cœur tout plein d'une ferveur juvénile, vers le lieu vénéré où l'attend, plus vivant qu'ailleurs, le souvenir de sa bonne Mère,

(1) C'est en 1613 que fut construite la chapelle actuelle de N.-D.-de-Grâce (voir : *Histoire illustrée des Pèlerinages français de la très Sainte Vierge*, par le R. P. Drochon. Paris, Plon ; p. 166). Notre Bienheureux put donc, en 1619, avant de partir pour son grand voyage, s'y recommander à la Sainte Vierge. Il est plus que probable qu'il n'y manqua pas. — Détail intéressant : au commencement de ce siècle, un abbé Berthelot, de la famille du martyr, était chapelain de ce sanctuaire.

l'Étoile des flots et la Reine des martyrs. Que de fois il la gravit, cette verdoyante allée qui s'appelle d'un nom si beau : la côte de Grâce! Que de fois, du plateau qui la domine, il suivit jusqu'au bout de l'horizon les bateaux voguant vers d'inconnus lointains! Et sur la fin des pêcheries annuelles, quand les terre-neuviers où servait son père étaient attendus, que de fois encore il vint épier, en priant la Madone, l'apparition des blanches voiles, signal joyeux du retour! Ainsi les premières touches de la grâce remuaient délicieusement sa jeune âme, en même temps que des spectacles quotidiens aiguisaient son esprit et exaltaient son imagination.

Honfleur n'est plus guère à présent qu'une jolie ville endormie dans un nid de verdure, le long d'un port ensablé. Alors il n'en était pas de même. Le Havre, son rival meurtrier, ne faisait que de naître et les vaisseaux n'avaient si fort tonnage qu'ils ne pussent, à haute marée, franchir les passes de l'embouchure de Seine. « On a peine à s'imaginer le mouvement du port, les ressources qu'il offrait pour les approvisionnements, le racolage des matelots, l'engagement des capitaines et des pilotes (1). » L'initiative privée, n'étant pas encore enchaînée par des règlements royaux, avait à cette époque le champ libre. D'autre part, la turbulence du siècle poussait aux aventures. De là tant d'entreprises lointaines pour lesquelles Honfleur ne restait point en arrière. Des relations étaient nouées « aux Indes, à la Guinée, au Brésil, aux Antilles et particulièrement au Canada (2). » Le Canada, c'était la Nouvelle-France ! En 1608, le petit Pierre put voir partir, pour cette patrie d'au delà, les navires de Champlain. Son père lui-même prenait part à l'activité qui entraînait tout le monde. Pierre Berthelot semble avoir joint à la passion de la mer, qui caractérise les vrais matelots, un grand bon sens et beaucoup d'esprit pratique. Profitant des circonstances, il échangea peu à peu la situation subalterne qui était alors celle d'un chirurgien de marine (3), contre les risques et les honneurs

(1) Bréard. — Préface, p. 8.

(2) *Id.* *id.* p. 9.

(3) Les deux chirurgiens, que devait avoir, au commencement du XVIIe siècle, tout navire de commerce, n'occupaient, dans la hiérarchie du bord, que le sixième ou septième rang, entre les écrivains et les dépensiers ou maîtres-valets.

d'armateur et capitaine de vaisseau. Il navigua désormais sur des bateaux lui appartenant, qu'il conduisait lui-même.

Cependant Pierre avait atteint ses douze ans. Il savait lire et écrire. Instruction bien élémentaire : elle suffisait pourtant aux desseins du capitaine-armateur, car il ne rêvait pour l'héritier de son nom que la continuation de sa propre carrière. Le moment était venu de lui en faire commencer l'apprentissage. Quelle joie ce dut être pour l'enfant ! il allait donc s'envoler, lui aussi, vers les pays mystérieux ; il allait voir de ses yeux les merveilles dont on faisait, aux veillées, de si alléchants récits ! Son premier navire s'appela l'*Aigle* (1). Celui qui le mènera aux Indes aura nom l'*Espérance*.

Cinq ou six ans passèrent en ces premiers voyages : Terre-Neuve, différents ports d'Angleterre, d'Espagne, d'Amérique furent visités tour à tour. Pierre prenait part aux manœuvres des matelots. A l'école de son père

(1) C'est de M. Bréard (*op. cit.*) que nous apprenons ce détail, comme ceux qui précèdent touchant le changement d'état de Pierre Berthelot. Cet auteur ajoute que la plupart des chirurgiens de marine pratiquaient aussi l'art de naviguer.

ou des pilotes du bord il apprenait par expérience tout ce qui concerne la conduite des vaisseaux. Bientôt il sut réparer les boussoles, fabriquer au besoin les appareils, astrolabes et arbalestrilles, dont on se servait pour déterminer en pleine mer la situation des navires, ce que les marins appellent faire le point. Après sa mort glorieuse il en existait encore, façonnés de sa main et que l'on vénérait comme des reliques (1). Sans doute aussi, dans ces premières années, il s'exerçait déjà au dessin cartographique, art excellent pour un pilote, disent les auteurs du temps ; art dans lequel, nous le verrons, Pierre devint fort habile. Il apprenait également le peu d'astronomie qu'un navigateur doit savoir. En un mot il jetait les bases de profondes et solides connaissances nautiques.

On aimerait à le suivre dans son développement physique, intellectuel, moral. A ce

(1) *Enchiridion chronologicum* : Pixides nauticæ cæteraque id genus instrumenta, illius manu confecta, et quidquid vivus attigerat, eximio studio pietatis ceu sacra pignora servantur. — L'*Enchiridion* est un abrégé chronologique de l'histoire de la Congrégation d'Italie depuis sa fondation jusqu'en 1736. Auteur : Eusèbe de tous les Saints :

dernier point de vue surtout il est regrettable d'en être réduit aux conjectures. Nul doute que le père n'ait pris toutes les précautions pour écarter du fils qu'il chérissait les dangers de la vie à bord. Rien que sa présence était une sauvegarde. Il y ajoutait certainement la leçon de la parole et celle, plus éloquente, de l'exemple. Ce converti connaissait le prix de la foi depuis qu'il l'avait péniblement reconquise ; il voulait faire passer dans l'âme de son fils l'énergie de ses convictions. Certes il y réussit au delà de son espérance : le souvenir des vertus paternelles a vécu dans la mémoire du jeune homme. Ce souvenir l'a suivi sur toutes les mers, sous tous les cieux. Qui pourrait dire ce que Dieu y attacha de grâce et ce que comptent aujourd'hui, dans la gloire du Bienheureux, les entretiens intimes entre le père et le fils dont l'histoire, en prêtant l'oreille, perçoit à peine l'écho ?

L'an 1619, Pierre Berthelot allait avoir dix-neuf ans. Trapu, bien membré, le cou très fort sur de larges épaules, il paraissait doué d'une vigueur peu commune. D'autre part son teint délicat, que le hâle de la mer n'avait osé brunir, les traits harmonieux de son visage encadré de cheveux blonds, la vivacité de son regard, faisaient contraste et complétaient, en la corrigeant, l'impression première. Un observateur aurait trouvé à cette physionomie un charme déconcertant. La distinction native, l'éducation, la piété qui relève tout en expliquaient bien, jusqu'à un certain point, les contradictions apparentes. Mais ce jeune marin était trop au-dessus de ses pareils : il y avait du mystère en lui. Ce mystère, c'était la prédestination d'une âme d'élite. Mystère aujourd'hui découvert, caché alors au plus profond des secrets de Dieu.

Pierre lui-même ne songeait qu'à faire, dans la marine, honnête et brillante carrière. Pour y passer maître, ses premières navigations étaient insuffisantes : il fallait nécessairement entreprendre un voyage au long cours. Une bonne occasion s'offrait cette année-là. Des marchands de Paris et de Rouen venaient de s'associer pour trafiquer aux îles de la Sonde. L'entreprise, confiée à la direction d'Augustin de Beaulieu, marin expérimenté, promettait d'être belle ; on en reviendrait couvert de profits et peut-être de gloire. Aussi Pierre obtint-il de ses parents la permission d'y prendre part. Il fut inscrit au rôle de l'expédition comme volontaire, et partit en cette qualité avec quelques jeunes gentilshommes qui se destinaient également au noble métier de la mer.

CHAPITRE II

De Normandie aux Grandes Indes

(1619-1621)

CHAPITRE II

DE NORMANDIE AUX GRANDES INDES
(1619-1621)

Un peu de joie avant l'épreuve. — Mauvaises nouvelles. — Ce qu'il faut boire ! — Un étudiant courageux. — Le mort qui tue. — Pilotes maladroits. — Où donc est l'*Espérance ?* — Cimetière des Français. — De Charybde en Scylla. — Ruse normande. — Au feu ! — Berthelot passe pour mort.

C'étaient trois beaux vaisseaux qui s'éloignaient, le 2 octobre 1619, des quais de Honfleur. En tête le *Montmorency*, commandé par Beaulieu en personne, portait pavillon amiral. Puis venait l'*Espérance*, commandée par Robert Gravé, fils d'un savant explorateur du Canada (1). Enfin l'*Ermitage*, bateau de moindre grandeur, complétait la petite

(1) Gravé, ou Dupont-Gravé, ou bien encore du Pont-Gravey.

escadre (1). Le total des équipages montait à deux cent soixante-treize hommes. C'est, nous l'avons dit, sur l'*Espérance* que se trouvait Pierre Berthelot.

Une chance heureuse nous a conservé le journal de bord tenu par le chef de l'expédition. Il est inséré au tome premier d'un *Recueil de divers voyages curieux* publié à Paris, en 1696, par le savant Thévenot (2). Nous empruntons à ce document le récit des incidents qui marquèrent la campagne. Pierre Berthelot n'y est jamais nommé : rien d'étonnant, puisqu'il se perdait dans la foule. C'était lui pourtant que, d'un regard attentif, suivaient les anges du ciel ; c'était pour lui que Dieu disposait le cours des événements.

(1) Le *Montmorency*, jaugeant 450 tonneaux, contenait 126 hommes, 22 canons, 2 fauconneaux, 20 pierriers.
L'*Espérance* : 400 tonneaux ; 117 hommes, 26 canons, 20 pierriers.
L'*Ermitage* : 75 tonneaux ; 30 hommes, 8 canons, 8 pierriers.

(2) Bibl. Nat. G 1492 A. — Nous nous écartons ici du P. Philippe de la Sainte-Trinité, parce que celui-ci, ne nous offrant que le souvenir des conversations qu'il eut avec son novice à Goa, est souvent (et forcément) incomplet.

Les premiers temps, tout alla bien. En moins de quinze jours on atteignit Madère. De là on prit route vers le sud. Le matin du 1er janvier 1620, la mer était assez calme pour que Gravé pût détacher de l'*Espérance* une chaloupe avec des violons et venir donner une aubade à son chef. L'Equateur fut franchi le 6, et l'on accomplit à cette occasion les traditionnelles et burlesques cérémonies du baptême de la Ligne. Pierre dut s'y prêter de bonne grâce, car il était d'un caractère heureux et il aimait à faire plaisir.

Le 15 février, la flottille jetait l'ancre dans la baie de la Table. Elle resta plus d'un mois à ce mouillage, où l'emplacement de la ville actuelle du Cap était alors occupé par un modeste établissement hollandais. Le 14 avril, le terrible cap de Bonne-Espérance fut doublé. Cependant, des pays où l'on se dirigeait il était venu de mauvaises nouvelles. Les Hollandais assiégeaient, disait-on, la ville de Bantam, dans l'île de Java, grand marché d'épices qui était le principal objectif de l'expédition. Beaulieu devint perplexe. De fait, on l'avait endossé d'une responsabilité redoutable. Engagé pour conduire les vaisseaux de la compagnie, il devait rapporter aux actionnaires le plus de profits possible, à plus forte raison leur éviter des pertes par sa prudence au milieu des périls. La concurrence commerciale en ces régions lointaines se présentait les armes à la main : un chef d'escadre devait être à la fois négociant et général.

C'étaient les Anglais et les Hollandais que les marins de France rencontraient comme rivaux dans la mer des Indes. Les premiers ne comptaient guère encore. Les seconds, à l'apogée de leur puissance maritime, étendaient peu à peu sur la Malaisie une domination qui, aujourd'hui, dure encore. Tout leur était bon pour écarter les gêneurs. Adversaires décidés, on était menacé de les trouver à Bantam, victorieux du sultan indigène. Beaulieu, ayant déjà pratiqué ces parages, comprenait mieux que personne la gravité des circonstances. Aussi réunit-il en conseil les officiers et les commis de ses trois navires. On résolut dans cette assemblée que l'escadre se disloquerait : le *Montmorency*, accompagné de la patache (1), irait d'abord à Mada-

(1) Les vaisseaux du gabarit de l'*Ermitage* s'appelaient de ce nom.

gascar réparer certaines avaries, puis de là toucherait à la côte de Coromandel pour revenir ensuite sur Bantam, où seule l'*Espérance* tenterait de parvenir sans détour. En conséquence de cette décision qui devait être l'origine d'un désastre, le navire de Gravé se sépara des deux autres et mit le cap sur Java. On était au 1er mai 1620 (1).

« Ceux qui traversent ces mers savent assez combien de travaux s'y rencontrent, et surtout lorsque sous la Ligne équinoxiale ils se trouvent arrêtés par la cessation des vents : car ils sont quelquefois contraints d'y demeurer les mois entiers, comme immobiles, exposés à des chaleurs épouvantables (2). » La grande souffrance en ces calmes-plats, contre lesquels ne peuvent lutter des navires à voile, c'était le manque d'eau potable. Celle dont on avait fait provision croupissait par de telles chaleurs. Il fallait « se fermer

(1) A partir de cette date, le Journal de Beaulieu ne parle plus *directement* de l'*Espérance*. Il a soin toutefois d'en rapporter les nouvelles à mesure qu'elles parviennent. Cela suffit à reconstituer, dans les grandes lignes, le récit de la traversée et des malheurs de ce navire.

(2) *Voyage d'Orient*, p. 438.

les yeux et les narines pour ne pas voir les vers et ne pas sentir la puanteur (1) » lorsque la soif obligeait d'en boire.

Toutes ces traverses, que Pierre au noviciat racontait plus tard à son Père Maître, ne furent point capables d'abattre un seul instant son courage. Méditatif et studieux, en dehors du service il vivait à l'écart. C'est ainsi qu'il put profiter des loisirs forcés que fournissaient les calmes pour s'avancer dans l'étude des sciences. Son esprit très subtil et très pénétrant, sa mémoire heureuse lui permirent de compléter alors par des connaissances théoriques les éléments qu'on lui avait naguère enseignés. Il apprit de la sorte, nous dit le P. Philippe, toutes les mathématiques. Ne l'imaginons pas néanmoins tellement renfermé en lui-même qu'il ne prenne souci de ce qui se passe autour de lui. « Très honnête, très doux et très aimable à tout le monde, jamais on ne l'a vu ni se fâcher ni parler mal du moindre des hommes, et l'on a toujours remarqué qu'il tâchait de gagner la bonne volonté de tous ou par ses bienfaits ou par ses services (2). » Ces belles

(1) *Voyage d'Orient*, p. 438.
(2) *Voyage d'Orient*, p. 456.

qualités, que plus tard la grâce perfectionna d'une façon admirable, trouvèrent sûrement à s'exercer à bord de l'*Espérance*. Tandis que les épreuves de cette navigation ne parvenaient pas, semble-t-il, à entamer la robuste santé du jeune homme, ses compagnons tombaient l'un après l'autre : il put donc leur prodiguer les secours de sa gracieuse charité. En trois mois, il en vit mourir neuf : six par suite de maladie, trois dans les circonstances que nous allons dire.

Ce tragique incident, qu'on s'étonne de ne pas retrouver dans la narration du Père Philippe, se produisit aux funérailles de l'un des morts. C'était un officier ; il se nommait Caresme et il était de Honfleur. Le corps enveloppé dans une toile, un boulet aux pieds, avait été placé suivant l'usage sur une planche d'où l'on pouvait le faire glisser dans la mer. Au moment où il disparaissait le long du bord, on voulut honorer ce défunt de haut grade en saluant sa sépulture d'un coup de canon. La pièce était-elle rouillée ? Y eut-il erreur dans la charge? L'engin éclata et les débris tuèrent tout raide trois hommes qui se trouvaient à proximité.

L'*Espérance*, on s'en souvient, avait l'ordre de se diriger sur Bantam. Mais on apprit en approchant, sans doute par la rencontre de quelque navire, que la guerre était plus allumée que jamais entre les rois javanais et les Hollandais : ces derniers tenaient le siège devant Bantam ; ils s'étaient emparés de Jakatra dont ils allaient faire, sous le nom nouveau de Batavia, le centre de leur empire. Aussitôt connue cette nouvelle, « le capitaine Gravé appela au conseil les pilotes, les officiers et les commis-marchands pour trouver un remède à cet événement imprévu. On ne pouvait songer à prendre parti pour l'un ou l'autre des adversaires ; il fallait donc renoncer à se rendre au port désigné. Il n'y avait qu'un espoir de ne point perdre les fruits du voyage, c'était de gagner Sumatra (1). »

Heureux si l'on eût abordé au rivage de cette île car, nous dit Beaulieu, « toute la terre de Sumatra est peuplée de gens qui connaissent et accueillent les étrangers. » Lui-même y vint plus tard. C'est là, en un mouillage au nord de Benkoolen (2), qu'il

(1) Bréard. — Préface, p. 12.

(2) Probablement Tikou ou Tekou dont il est parlé un peu plus bas.

eut, pour la première fois depuis le 1er mai, des nouvelles de son vice-amiral (1). Elles étaient tristes. Outre les malheurs que nous connaissons, il apprenait que l'*Espérance* avait atterri, vers le 31 juillet, à l'une des îles qui font cortège à la grande le long de la côte occidentale (2). Comme on n'y trouvait point l'eau potable dont on avait un besoin extrême, Gravé détacha, pour en aller prendre ailleurs, un canot monté par quinze hommes. Ceux-ci, reçus à coups de canon par les Hollandais de Tikou, parvinrent cependant à se faire accueillir du gouverneur. Mais, leur mission terminée, ils ne retrouvèrent pas le navire. Force leur fut de revenir à terre et de s'y installer tant bien que mal en attendant le passage du *Montmorency*. Ce passage n'eut lieu qu'en novembre. C'était trop tard : dès le mois d'octobre onze de ces braves gens étaient morts; les quatre survivants, parmi lesquels deux volontaires (3), cama-

(1) Beaulieu donne ordinairement ce nom à l'*Espérance* parce que c'était le deuxième vaisseau de la petite escadre.

(2) Beaulieu l'appelle île Mantabey et la place à un degré et demi de latitude nord.

(3) Ce sont ces deux volontaires, Benneville et du

rades de Berthelot, étaient partis, les uns pour Atchin, les autres pour Bantam, à bord de bâtiments hollandais.

Qu'était donc devenue l'*Espérance?* Elle allait payer bien cher l'insuffisance de ses pilotes et les fausses manœuvres qui en étaient le résultat. C'est probablement à l'une d'elles qu'il faut attribuer l'abandon du canot. Gravé, atteint déjà peut-être du mal qui devait l'emporter l'année suivante, semble avoir cédé au découragement, le plus mauvais conseiller des chefs. Ne voyant point revenir ses hommes aussi vite qu'il pensait, il aura donné l'ordre de lever l'ancre et de mettre à la voile. Mais il fallut bientôt s'arrêter et, pour comble de malheur, on commit une erreur nouvelle. On se crut au rivage de Sumatra tandis qu'en réalité on était seulement à celui de l'île Nassau située à quelque distance. Par-dessus cette côte très basse il était facile d'apercevoir les hautes terres de la grande île et par conséquent de reconnaître la faute. Personne n'y prit garde. On resta en ce lieu inhospita-

Boulley (Beaulieu dit : La Boulaye) qui laissèrent, en partant, une lettre où le chef de l'escadre trouva le rapport de tout ce qui s'était passé.

lier. Les fièvres tropicales, jointes aux privations de tout genre, terrassèrent la plupart de ces Normands, peu habitués aux climats excessifs. De l'équipage, déjà bien amoindri, une dizaine d'hommes seulement restaient valides. Beaucoup moururent. Selon l'énergique expression de Beaulieu, l'île Nassau devint « le cimetière des Français, pour y avoir été la plus grande partie de notre vice-amiral enterrés (1) ».

Après un délai dont nous ne sommes pas en mesure d'évaluer la durée, mais qui alla certainement à plusieurs mois, on reprit enfin la mer. Les provisions étaient épuisées : il fallait à tout prix gagner un port et s'y ravitailler. Tandis que l'*Espérance* avançait presque au hasard des vents, un vaisseau hollandais trois fois plus grand qu'elle, le *Leyden*, vint à sa rencontre. Robert Gravé crut pouvoir faire appel à l'humanité du commandant. Il se rendit à bord ; mais, pendant qu'il parlementait, les Hollandais, sous prétexte de porter des vivres, abordèrent son navire et, le voyant à peu près

(1) Beaulieu dit qu'il mourut quatre-vingts hommes à Nassau !

sans défense, mirent tout au pillage. La cruauté de ces véritables pirates alla jusqu'à violenter les malades pour fouiller les coffres sur lesquels ils gisaient. « Quelques jours après, d'autres vaisseaux de Hollande vinrent mouiller à portée de canon, envoyèrent une volée pour faire amener le pavillon et obligèrent le capitaine Gravé à les suivre (1). » L'*Espérance* était prisonnière.

Laissons Philippe de la Sainte-Trinité nous raconter lui-même les événements qui suivirent. Son naïf récit complète la relation sommaire et, sur ce point, un peu confuse du général Beaulieu (2). Il a de plus le grand mérite d'être l'écho des impressions personnelles de Pierre Berthelot :

« Les Hollandais, s'étant pris de garde qu'il y avait de très grandes richesses dans le vaisseau des Français (3), firent dessein de les massacrer tous impunément, comme

(1) Bréard. — Préface, p. 12.

(2) Beaulieu ne connut ces faits que par le récit du commis Duparc, quand celui-ci lui ramena, dans le port d'Atchin, Gravé mourant.

(3) Le pillage, opéré par les gens du *Leyden*, n'avait pu épuiser la cargaison. D'après Beaulieu, lors de l'incendie, l'*Espérance* représentait encore, avec les marchandises en cale, une valeur de 500 000 écus.

ils s'imaginaient, au milieu des flots. En effet ils l'eussent mis en exécution si, par une providence de Dieu très admirable, leur conjuration n'eût été découverte et en même temps dissipée par un merveilleux artifice. Un Français, ayant entendu que les Hollandais s'entreparlaient et prenaient ensemble cette sanglante résolution, la découvrit à son capitaine qui, du conseil de tous les siens, alla trouver le capitaine de ces perfides, lui donna quantité d'argent et lui en promit encore davantage, s'ils pouvaient relâcher par son moyen en quelque port assuré. L'on dit communément que les présents apaisent les hommes et les dieux. Ce proverbe parut très véritable en cette occasion. Les Hollandais n'eurent pas plus tôt ressenti les effets d'une si généreuse libéralité qu'ils traitèrent les Français avec toutes les courtoisies et toutes les civilités possibles et les conduisirent fidèlement au port de Jacatora ou Nouvelle-Hollande (1). »

Il y aurait à rabattre au sujet de ces civilités et de cette courtoisie. En somme ce fut comme captifs que les marins de

(1) *Voyage d'Orient*, pp. 438-439.

l'*Espérance* abordèrent à Jakatra. Beaulieu rapporte même, sur la relation qui lui en fut faite, que des brutalités inouïes marquèrent le débarquement des malades : on en jeta plusieurs, comme des paquets, du haut des bastingages; d'autres, ne pouvant marcher, furent traînés jusqu'au rivage dans l'eau et dans la vase. Cependant Pierre Coen, (1) gouverneur de la forteresse, était un homme intègre : quand Gravé lui déclara de quelle conjuration ils étaient victimes, il fit restituer tout ce qui avait été pris et rendre tout l'argent qu'on avait donné par contrainte. La finesse normande semblait donc triompher et l'on pouvait croire que tant de malheurs allaient finir. Mais au moment où l'*Espérance* se préparait à franchir enfin la dernière et courte étape qui la séparait de sa destination, la vengeance des corsaires parvint à l'anéantir. Une nuit, le feu se déclara à bord. Tout fut consumé, sans que les navires hollandais, mouillés dans le même port, aient offert le moindre secours.

Cette fois c'était la ruine, non seulement

(1) Ce nom hollandais se prononce *Coune*.

pour le capitaine, mais aussi pour tous ceux qui, comme les volontaires, avaient des intérêts dans l'expédition. Ceux qui le purent gagnèrent isolément Bantam. Gravé y arriva au mois de janvier 1621. Vers l'automne de cette même année, ayant entendu dire que Beaulieu avait abordé à Atchin, il parvint à le rejoindre dans ce port ; mais il était mourant : le 9 novembre il expira dans les bras de son chef. Les débris de son équipage, une quinzaine d'hommes au plus, furent recueillis sur le *Montmorency*. Le 1er décembre 1622, après une traversée difficile, ils rentrèrent avec Beaulieu à Honfleur.

Pierre Berthelot n'était point du nombre. Personne n'avait pu donner de ses nouvelles. Dans sa famille on le tint pour mort.

CHAPITRE III

Appels divins

(1621-1629)

CHAPITRE III

APPELS DIVINS (1621-1629)

Un peu de philosophie. — Seul ! — Les marchands de Saint-Malo. — Nouvelles tribulations. — Sainte nostalgie. — Chez les Portugais. — Rénovation de piété. — Un ami des Français. — En bateau pour Goa.

« Celui ne raisonnera pas mal, qui dira que ce vaisseau n'arriva aux Indes par une secrète providence de Dieu que pour y décharger ce saint martyr car s'il est vrai, comme il est, que Dieu prédétermine tout ce qui arrive au monde à la gloire de ses élus, ainsi que les théologiens l'enseignent, pourquoi ne rapporterions-nous pas cette navigation à un martyr si illustre et si admirablement élu de cette miséricorde éternelle ? » Ainsi parle, racontant la perte de l'*Espérance*, le Père Philippe de la sainte Trinité (1). Il est impossible de formuler en meilleurs termes la philosophie des événements que le chapitre précédent raconte et qui constituent, pour notre Bienheureux, la première phase de préparation à sa destinée providentielle.

A la rigueur, l'éducation chrétienne qu'il avait reçue, le don de piété qui orna son enfance auraient suffi pour faire de lui un jour, avec la grâce de Dieu, un martyr. On a vu des croyants d'ailleurs fort imparfaits, faibles même jusqu'à l'abdication devant les séductions du monde, retrouver soudain la force en face du glaive et mourir plutôt que de renier la foi. Mais il fallait ici davantage. La mort de Pierre Berthelot ne devait point être un acte héroïque isolé au bout d'une vie ordinaire. Cette victime choisie réclamait, avant de s'offrir au sacrifice, l'exquise parure de la sainteté. La puissance divine convia, pour la lui fournir, tous les événements. Oh! s'il nous était donné, comme à d'autres biographes, de pénétrer, à l'aide de correspondances, de renseignements authentiques, de documents

(1) *Voyage d'Orient*, p. 410.

circonstanciés, jusqu'au cœur de notre héros! S'il nous était donné de voir vivre, palpiter son âme! Mais non : entre les récits qui nous ont dit l'enfance pieuse de Pierre et les témoignages qui nous montreront la ferveur du novice Denis, il y a (Dieu le permettant) solution de continuité. Nous en sommes réduits, pour retrouver les grandes lignes du travail de grâce, à soulever tant bien que mal le tissu des faits. Heureusement l'œuvre de sanctification est trop brillante pour ne point resplendir au travers : il nous est facile de reconnaître, dans les incidents qui précèdent comme dans ceux qui vont suivre, le double mouvement en quoi elle consiste, de détachement des créatures et d'attraction vers Dieu.

Détaché! Pierre Berthelot ne l'était guère quand il mit le pied sur le pont de l'*Espérance*. S'il quittait alors sa famille, s'il s'éloignait de son pays, c'était, pensait-il, pour bientôt y revenir avec fortune et honneur. Il avait l'âme bonne; mais cette âme tenait, de toute la force des instincts ataviques et de toute l'ardeur de la jeunesse, aux ambitions d'avenir. Peut-être ne l'eût-on pas étonné en lui prédisant qu'il mourrait martyr : c'était de la gloire encore, et d'ailleurs sa foi profonde comprenait un tel sacrifice. Mais à qui lui eût dit en ce temps-là : Vous serez religieux, il aurait sans doute répondu par un sourire.

Et maintenant, le voici ce jeune homme, isolé à vingt ans sur un rivage barbare, n'ayant pour ressources que ses talents de nature et son habileté acquise, pour perspective que du précaire et de l'inconnu. Certes, la grâce a travaillé ! Tempêtes, pillage, incendie, elle a tout déchaîné pour réduire à néant les espoirs dont vivait ce jeune cœur ; et de peur que, même détruits, il n'y tînt encore par quelque lien d'affection ou de regret, les spectacles les plus expressifs se sont joints aux coups de l'infortune. Il a vu l'humanité dévoiler ses côtés les plus vils, perfidie et traîtrise. Il a vu la maladie abattre autour de lui toute vigueur et toute intelligence. Il a vu surtout la mort, plus que jamais terrible et solennelle quand elle installe son trône au milieu des flots de la mer sur les pauvres planches d'un vaisseau. En fallait-il tant pour déprendre des choses d'ici-bas l'âme du pieux volontaire et la pousser, docile, vers les pensées éternelles? Déjà, nous pouvons le croire, le branle était donné quand la destruction de l'*Espérance* sépara Pierre de ses compagnons de voyage.

C'est dès ce moment-là, selon toute apparence, qu'il perdit de vue les malheureux débris de cette triste expédition. Le Père Philippe dit bien qu'il alla trouver à Atchin le général de son escadre et qu'il en obtint « licence de servir, avec vingt-quatre autres, les marchands associés de Saint-Malo (1) ». Mais ce renseignement n'est pas admissible : il ne tient pas devant les faits. Si Pierre Berthelot s'était rendu auprès de Beaulieu, celui-ci n'aurait point ignoré ce qu'il était devenu : comment alors, de retour à Honfleur, eût-il laissé s'accréditer le bruit de sa mort ? On y crut cependant à ce point que, trois ans plus tard, les membres de la famille étaient en instance près des tribunaux, pour obtenir de la compagnie des dommages-intérêts à cause du décès de leur parent (2). D'ailleurs, où trouver les vingt-quatre qui seraient entrés avec lui au service des Bretons ? Nous connaissons le nombre total des marins de

(1) *Voyage d'Orient*, p. 440.

(2) Nous le savons par une procuration du 26 avril 1625, sur laquelle nous aurons bientôt l'occasion de revenir.

l'*Espérance* au début de la campagne : ils étaient cent dix-sept. Nous savons, d'autre part, qu'il en mourut au moins cent (1) et l'on nous dit qu'il en revint en France environ une quinzaine (2). Que conclure, sinon que, cette fois les souvenirs du Père l'ont mal servi ou qu'une confusion, dont la cause nous échappe, a faussé en ce point son récit. Pierre ne vint pas à Atchin ; il ne vit pas Beaulieu. Bien plus : il faut même qu'il n'ait point accompagné Robert Gravé de Jakatra à Bantam, car alors celui-ci ou, à son défaut, ceux qui le ramenèrent mourant au port d'Atchin auraient dit au chef d'escadre où se trouvait le volontaire. Il nous semble donc absolument démontré que la séparation datait de Jakatra même et remontait jusqu'à la nuit fatale ou du moins jusqu'aux circonstances qui suivirent la catastrophe. On crut peut-être que Berthelot avait péri dans les flammes.

Cependant, il errait abandonné. Huit mois

(1) Le journal de Beaulieu indique : 9 décès en mer jusqu'au 31 juillet 1620 ; 80 à l'île Nassau ; 11 à Sumatra (l'équipage du canot) ; le décès du capitaine Gravé à Atchin.

(2) Bréard. — Préface, p. 12.

au moins passèrent en cette misère puisqu'il ne parvint à Bantam qu'après le départ de Gravé, lequel eut lieu en octobre 1621. Par bonheur, quelques Français se trouvaient là. C'étaient des négociants de Saint-Malo, ceux dont le Père Philippe nous parlait tout à l'heure. Formés en association sous la conduite d'un certain André Josset, ils équipaient en ce moment un caboteur pour naviguer de port en port, d'île en île, dans l'archipel de la Sonde et dans celui des Moluques. Un pilote capable leur était nécessaire : Pierre se présenta et fut tout de suite agréé. Le 1er mars 1622, il prit possession de son office.

L'itinéraire le conduisait d'abord tout le long de la côte de Sumatra, qu'il fallait remonter du Sud au Nord après avoir passé le détroit de la Sonde. Quelles émotions pour le jeune pilote ! Chaque détail de ces parages, chaque flot de ces mers, pour ainsi dire, lui rappelait une douleur, lui remettait en mémoire ses compagnons qu'il avait vu mourir et les autres dont il ignorait le sort. On passa devant l'île Nassau, ce cimetière ! Peut-être relâcha-t-on à Tikou, le mouillage où l'*Espérance* avait perdu son canot. Enfin, voici

Atchin ! là dormait son ancien capitaine. Il est vrai que peut-être, probablement même, il ne le savait point; mais s'il se borna, durant le séjour du navire en ce port, à inspecter les lieux et à rassembler les éléments de la carte qu'il en dressa plus tard, si nul souvenir du passé, nul pressentiment de l'avenir ne vint le faire tressaillir, cette première visite du martyr au lieu de son sacrifice n'en est pas moins, pour nous, impressionnante, et nous ne doutons pas que Dieu n'y ait attaché de ces grâces prévenantes par lesquelles il dispose de loin les âmes pour les desseins de son amour.

Dans le détroit de Malacca, nouvelle aventure, toute semblable à celle dont l'*Espérance* avait été victime. Un vaisseau de guerre hollandais captura le bâtiment, malgré le permis de navigation dont les Malouins avaient pris soin de se munir. Soit que le capitaine ne reconnût pas l'autorité de ceux qui l'avaient délivré, soit tout autre motif, il n'en tint compte et il emmena tout le monde à Jambi, comptoir de la Compagnie des Indes dans la partie sud-est de la grande île de Sumatra. Les prisonniers souffrirent là, durant plus d'un mois (1), des tourments si nombreux, ils endurèrent si cruellement la faim et la soif que la moitié mourut. Les survivants furent traînés jusqu'à Jakatra où résidait le gouverneur général. Ce n'était plus ce Pierre Coen qui avait accueilli, un an plus tôt, avec tant de bienveillance, les réclamations du capitaine Gravé. Le nouveau dignitaire s'appelait Carpentier (2). Il se montra d'ailleurs tout aussi équitable : indigné de la conduite de ses compatriotes, il les voulait sérieusement punir. Mais, nous dit le Père Philippe, les Français, « par une générosité propre à leur nation, intercédèrent pour ces barbares (3) ».

Délivrés, les marchands avec leur pilote firent directement voile pour Makassar, dans l'île de Célèbes. Ce poste, quoique situé dans le rayon de l'influence hollandaise, était

(1) Philippe de la Sainte-Trinité. *Voyage d'Orient*, p. 441. Mais le même auteur, dans *Decor Carmeli*, dit : *tribus circiter mensibus*.

(2) C'est le journal de Beaulieu qui nous a fourni le nom de P. Coen. Celui de Carpentier est indiqué dans *Decor Carmeli*. Le changement aurait eu lieu entre janvier 1621 et juillet-août 1622.

(3) *Voyage d'Orient*, p. 441.

assez à l'écart pour que l'on pût trafiquer avec les indigènes à peu près librement. C'était un excellent endroit pour établir un comptoir. Malheureusement, nos Bretons n'étaient pas aussi disciplinés qu'ils étaient généreux. Au bout de six mois, la discorde se mit parmi eux et les choses en vinrent au point qu'ils assassinèrent leur chef. L'association ne mourut pas du coup, mais Berthelot, écœuré, refusa de prêter plus longtemps son concours. Il se retira à Bantam dans les premiers mois de 1623.

Pendant les trois ans qui suivent, nous perdons sa trace ; ou plutôt nous ne savons positivement qu'une chose, c'est qu'il employa ce temps en voyages à travers l'archipel ; conduisant, surtout de Bantam à Jakatra, les navires de la Compagnie des Indes. Pour vivre, il lui avait fallu se joindre aux Hollandais, qu'il n'aimait guère mais qui étaient les maîtres de toute la contrée. Seulement, s'il consentit à remplir chez eux l'office de pilote, jamais il ne voulut s'engager dans des associations commerciales avec ces hérétiques. Le souvenir des perfidies et des vexations endurées était pour quelque chose dans cette répugnance ; mais il est juste de reconnaître que la cause principale résidait dans le sentiment religieux qui prenait chaque jour plus d'empire en cette âme.

Pierre était à l'un de ces moments solennels dont tout le reste de la vie dépend. Si la grâce se bornait à faire l'assaut des âmes pour les arracher de haute lutte à leurs chères idoles, elle risquerait de les laisser flotter ensuite, désemparées, sans espoir d'aborder jamais au rivage d'aucun idéal. Aussi Dieu ménage-t-il, après les orages salutaires, des intervalles de paix. L'homme peut-être y savoure encore l'amertume de l'épreuve ; mais, rafraîchi, reposé, il s'ouvre mieux aux lumières surnaturelles, il entend, plus proche et plus claire, la voix qui dit : Suis-moi. Cette voix, c'est celle de Jésus. Il venait à son élu, comme jadis aux mariniers du lac de Génésareth, en marchant sur les flots de ces mers étincelantes. Doucement importune, son image surgissait de partout. Elle apparaissait, radieuse, dans la splendide vision de ces îles, découpées et parfumées comme des fleurs : l'auteur de tant de beautés, c'était Lui ! Et si les pensées du jeune homme se tournaient vers d'autres objets, s'il se prenait à considérer les alluvions d'erreur et de vice qui submergent ce paradis : ignorances du paganisme primitif, corruption mahométane, orgueilleuse indigence du calvinisme, ce triste spectacle n'était-il pas pour le ramener encore à Celui qui, seul, rachète et sauve en détruisant le règne du péché ? Ainsi, par un insensible progrès, il commença d'éprouver ce qu'un de ses récents historiens appelle fort heureusement *la sainte nostalgie d'une plage chrétienne* (1).

Ce motif, ajouté à l'ennui « du peu de gain qu'il faisait » (2) et au dégoût que lui inspirait la perfidie des agents hollandais, le rapprocha peu à peu des quelques Portugais qui vivaient dans ces îles et qui, seuls, pratiquaient la religion catholique. En 1626, il s'était dégagé de tout lien avec la Compagnie des Indes pour se joindre définitivement à eux. Dès lors, nous dit le Père Philippe, « il assista fort

(1) *Vita dei beati martiri*...... p. 55 : « Egli comincio presto a provare quella che noi diremmo santa nostalgia di una spiaggia cristiana ». — Cet ouvrage italien, imprimé à Milan, à la librairie de la Ligue eucharistique, a pour auteur le R. P. Spiridion de Marie Immaculée. Il a paru juste au moment de la béatification.

(2) *Voyage d'Orient*, p. 441.

assidûment aux offices divins, au saint sacrifice de la messe et aux autres cérémonies des chrétiens ; et ce qui est bien plus admirable, commençant à exercer la charge d'apôtre, il travailla de si bonne façon à la conversion d'un sien compagnon hérétique, appelé Pierre Colombin, natif de Manosque en Provence, qu'il la conclut heureusement (1). » Non seulement sa piété, longtemps comprimée, se dilatait à l'aise, mais il ressentait déjà les ardeurs du zèle : l'appel de Dieu se précisait.

Il ne suffisait pas à Berthelot de se trouver avec des coreligionnaires. Ce qu'il souhaitait avec passion, c'était de vivre en terre catholique. Aussi ne se donna-t-il pas de repos avant d'avoir obtenu des autorités portugaises la permission de passer à Malacca, encore à cette époque l'une de leurs forteresses et le dernier boulevard de leur puissance dans ces mers. Le capitaine-général, don Antoine Pinto de Fonseca « qui, ayant autrefois demeuré en France, était très affectionné à tous les Français », l'accueillit à merveille et bientôt apprécia sa valeur. C'est alors,

(1) *Voyage d'Orient*, p. 142.

croyons-nous, qu'il dut renouer avec sa famille les relations que l'incertitude des transports l'avait empêché jusque-là d'entretenir (1). Sa pensée se reportait avec bonheur sur les paisibles années qu'il avait vécues là-bas. Elles lui semblaient tout proches et séparées du présent seulement par un mauvais rêve. Il est, en effet, des canaux mystérieux par où se rejoignent, sous le tumulte des événements et leur apparent désordre, les faits, les sentiments, les impressions qui constituent la trame providentielle de notre vie et, quand tout le reste tombe et meurt, subsistent pour l'éternité.

Le 13 janvier 1629, le pilote Berthelot, après avoir été employé par le capitaine-général

(1) Nous avons dit qu'à Honfleur on le croyait mort. Le 26 avril 1625, François Berthelot, « chirurgien » agissant comme « héritier de défunt Pierre Berthelot, du métier de la mer, son frère, décédé au voyage des Indes orientales », donnait procuration à son père pour « pourchasser, recevoir et faire sortir tous et chacun les deniers qui audit François Berthelot sont dus ou peuvent revenir à cause des gages audit défunt Pierre Berthelot accordés,... même poursuivre les intérêts de la mort dudit défunt Pierre Berthelot, en retour de la perte des marchandises par lui traitées et perte de ses hardes ». BRÉARD. Préface, p. 14.

en quelques navigations où il avait donné sa mesure, fut envoyé par lui à Goa, muni de lettres qui le recommandaient chaudement au vice-roi. Ses protecteurs travaillaient à sa fortune en lui procurant une carrière honorable. Dieu ménageait, pour le recevoir, des ministres de sa providence, chargés de l'introduire dans la vie religieuse et de le mettre au chemin du martyre.

CHAPITRE IV

Les Missions et le Carmel

CHAPITRE IV

LES MISSIONS ET LE CARMEL

Une page de sainte Thérèse. — Le double esprit. — Clément VIII et les premiers Carmes déchaussés. — Le P. Jean de Jésus Marie avocat des Missions. — Enthousiasme au Chapitre. — En Perse ! — Fondation de Goa. — Merveilleux arrangements de la Providence.

Au livre des *Fondations* sainte Thérèse, après avoir narré les commencements de son premier monastère, celui de Saint-Joseph d'Avila, poursuit en ces termes :

« Il s'était écoulé un peu plus de quatre ans depuis la fondation de Saint-Joseph lorsqu'un religieux de l'ordre de saint François, récemment arrivé des Indes, vint me voir. C'était le Père Alphonse Maldonado, homme vraiment apostolique. Il avait les mêmes désirs que moi d'étendre le royaume de Jésus-Christ ; mais pour lui, il pouvait en venir aux œuvres, et je lui enviais extrêmement un tel bonheur. Il commença par me raconter combien de millions d'âmes se perdaient, faute d'instruction, dans ces contrées lointaines. Après cet entretien particulier, il nous fit à toutes un discours pathétique pour nous porter à la pénitence. Ensuite il prit congé de nous. Je demeurai si affligée de la perte de tant d'âmes que je ne pouvais contenir les transports de ma douleur ; je m'en allai dans un ermitage et là, donnant un libre cours à mes larmes, j'élevais vers mon divin Maître de ces cris intimes du cœur, le conjurant de me donner le moyen de gagner quelques âmes à son service puisque le démon lui en ravissait un si grand nombre. Et, comme je n'avais pour venir en aide à ces infortunés que mes prières, je le suppliais instamment de leur donner quelque valeur. Je portais une sainte envie à ceux qui, possédés du désir de faire aimer Jésus-Christ, avaient la liberté de se dévouer à une cause si belle, dussent-ils pour son triomphe affronter mille fois la mort. Je dois le dire, cette soif du salut des âmes est l'attrait que Notre-Seigneur m'a donné. Aussi, quand je lis les vies des saints, le récit des travaux apostoliques de ceux qui ont conquis des adorateurs à Dieu et peuplé le ciel excite bien plus ma dévotion, mes larmes, mon envie, que le tableau de tous les tourments endurés par les martyrs. Selon moi, Notre-Seigneur met à plus haut prix une âme que nous lui aurons gagnée par notre industrie et nos oraisons aidées de sa miséricorde que tous les services que nous pouvons lui rendre. Cette peine si pénétrante dont je viens de parler ne m'abandonnait plus. Un soir, tandis que j'étais en oraison, Notre Seigneur m'apparut en la manière accoutumée et, me témoignant beaucoup d'amour, il me dit comme pour me consoler : *Attends un peu, ma fille, et tu verras de grandes choses* (1). »

Enigmatique d'abord, cette parole devint claire à l'esprit de la sainte quelques années plus tard : elle comprit alors que les *grandes choses* promises, c'était la fondation des monastères de Carmes déchaussés avec les conséquences heureuses qui devaient s'ensuivre pour le salut des âmes et pour la gloire de Dieu. Il n'entre point dans le dessein de notre

(1) *Œuvres de sainte Thérèse* (éd. Bouix), t. II, ch. I, p. 16-17.

histoire de suivre pas à pas les progrès de cette œuvre grandiose. La page qui précède suffit pour nous permettre d'en noter (et c'est pourquoi nous l'avons citée tout entière) le caractère général. La réforme des religieux du Carmel, entreprise par sainte Thérèse, menée à bien par des collaborateurs tels que saint Jean de la Croix et Jérôme Gratien, continuée et développée par les premiers Pères de la Congrégation d'Italie, n'était pas seulement un retour à la discipline antique ; c'était encore (nous osons dire : c'était surtout) la vigoureuse poussée du germe apostolique enfermé dès l'origine dans le sein de ce grand ordre. Il importe de mettre, autant que nous le pourrons, cette pensée dans tout son jour.

Eussent-ils été de vrais descendants d'Elie, les ermites du Mont-Carmel, si le zèle qui dévorait l'âme du prophète n'avait continué d'enflammer leur cœur? Et certes les Latins qui, au XIIe siècle, apportèrent parmi eux les ardeurs de la croisade n'éteignirent point ce feu sacré. Bien au contraire : l'organisation, par saint Berthold et saint Brocard, du gouvernement des solitaires, la substitution du régime de la règle (1) à celui des usages et

(1) C'est aux environs de l'an 1200 que saint Albert,

coutumes, tout cela contribua, en rajeunissant l'association et en combinant mieux les forces, à imprimer une direction plus nette, un élan plus généreux. C'est alors que saint Ange, admirable apôtre, sortit de Palestine et parut en Occident. Un peu plus tard surgirent saint Simon d'Angleterre, saint Albert de Sicile. L'action des Carmes s'affirma de plus en plus après le don miraculeux du scapulaire (1) et surtout lorsque les décisions de l'Eglise l'eurent sanctionnée en donnant à l'Ordre une place parmi les religieux mendiants. Cette action prit dès lors un caractère spécial, tout à fait distinctif, consistant à unir étroitement la prière et la pénitence aux œuvres de charité spirituelle. C'est un fait qu'au Carmel l'esprit

patriarche de Jérusalem, donna une règle « à ses chers fils, Brocard et autres frères ermites qui demeurent sous son obéissance, près de la fontaine d'Elie au mont Carmel ». Confirmée par Innocent IV, cette règle est dite *primitive*. Les Carmes déchaussés la suivent intégralement.

(1) La célèbre apparition de la sainte Vierge à saint Simon Stock date du 16 juillet 1251. Parmi les nombreux ouvrages qui en traitent, nous ne saurions trop recommander celui qui a pour titre : *Le Scapulaire de Notre-Dame du mont Carmel, son double privilège*. Nemours, Henry Boulay, 1899.

d'oraison et l'esprit de zèle marchent toujours du même pas. Bien loin que le recueillement réclamé par le premier soit incompatible avec l'expansion que le second exige, il y a entre les deux une connexion réelle : si, dans le cours de l'histoire, nous voyons diminuer, avec l'austérité de vie, la ferveur de prière, nous voyons diminuer aussi le zèle d'apostolat ; réciproquement, tout ce qui affaiblit ce zèle affaiblit du même coup la vie intérieure, tarit les sources de l'oraison.

La loi que nous venons d'énoncer avait trouvé une première vérification au XVe siècle lorsque le pape Eugène IV, à la suite des misères du Grand Schisme, mitigea, sur la demande d'un chapitre général, la règle primitive. Le mal de cette mitigation était d'ouvrir à l'esprit du monde les solitudes où les Carmes doivent vivre servant Dieu dans la méditation continuelle et la pratique de la vertu. Il en résulta, non point certes des désordres graves ni surtout universels, mais une diminution de sève qui eût abouti fatalement à l'extinction : les contemplatifs faisant défaut, on n'avait plus d'apôtres. L'esprit carmélitain ne ressuscita qu'avec la réforme, radicale et intelligente, de sainte Thérèse.

Cette grande âme, éclairée par Dieu, sut parfaitement comprendre où gisait l'essentiel de sa vocation. Bien connus sont les avis qu'elle donne là-dessus à ses filles après avoir restauré parmi elles l'austérité d'autrefois. « Hélas ! je sens mon cœur se fendre à la vue de tant d'âmes qui se perdent ; je sais que pour celles qui sont déjà dans l'abîme il n'y a plus de remède ; mais je souhaiterais qu'au moins il ne s'en perdît pas davantage. O mes filles en Jésus-Christ ! joignez-vous à moi pour demander, par les plus ardentes supplications, cette grâce au divin Maître. *C'est pour cette fin qu'il vous a réunies dans cet asile,* C'est là votre vocation ; ce sont là vos affaires ; là doivent tendre tous vos désirs ; c'est pour ce sujet que doivent couler vos larmes ; enfin c'est là ce que vous ne devez cesser de demander à Dieu (1)... Je viens, mes filles, de vous indiquer le but auquel vous devez rapporter vos oraisons, vos désirs, vos disciplines, vos jeûnes : *dès le jour que vous cesserez de les rapporter à ce but tout apostolique, sachez que vous ne faites point ce que Jésus-Christ attend de vous et que vous ne remplissez*

(1) *Chemin de la Perfection*, ch. I (Œuvres, t. III, p. 9).

point la fin pour laquelle il vous a réunies dans le Carmel (1). » Aussi, quand la réforme s'est développée et qu'elle compte, non plus seulement des religieuses renfermées dans une étroite clôture et ne pouvant agir que par la prière, mais des religieux, des prêtres, capables de combattre pour l'Eglise et d'étendre par leurs œuvres le règne de Dieu, comme la sainte Mère les suit avec sollicitude ! Quelle joie quand elle voit ses premiers fils évangéliser les environs de Durvelo ! Elle reconnaît là, plus encore que dans leurs austérités et leurs oraisons, d'ailleurs inséparables de leur zèle « les premiers fruits d'une réforme qui devait grandement contribuer au bien de notre Ordre et à la gloire de Notre-Seigneur (2) ». Aussi est-ce certainement d'après ses conseils que le Père Jérôme Gratien, alors provincial, organisa en mars 1582 un premier départ de missionnaires pour le Congo.

L'esprit apostolique du Carmel devait recevoir une confirmation plus haute et plus sûre encore que celle de la fondatrice. A

(1) *Chemin de la Perfection*, ch. III (Œuvres, t. III, p. 26).

(2) *Fondations*, ch. XIV (Œuvres, t. II, p. 187).

Rome, sous les yeux et avec les encouragements du Vicaire de Jésus-Christ, l'œuvre des missions allait rapidement grandir.

Clément VIII et son successeur presque immédiat Paul V (1), par leurs écrits comme par leurs actes, témoignèrent maintes fois solennellement combien le ministère des âmes, missions comprises, est conforme à la vocation des Carmes déchaussés. Le premier de ces deux pontifes, écrivant au shah de Perse pour lui recommander les religieux qu'il députe vers lui, s'exprime en ces termes : « Leur règle leur prescrit, avant tout, de garder une obéissance entière, une pauvreté et une chasteté perpétuelles ; ensuite, de méditer la loi du Seigneur et de vaquer à la contemplation et à la prière ; puis *de s'appliquer à la prédication de la parole de Dieu et au salut des âmes, motif pour lequel on les envoie dans les pays éloignés.* » Plus tard, Paul V faisait écrire aux supérieurs d'Espagne : « Il est essentiel à votre institut de s'appliquer, après la pénitence, l'oraison et

(1) Entre les deux il y eut Léon XI, qui ne régna que quelques jours.

la contemplation, au salut des âmes (1). » Le même pape se disait persuadé que *nul Ordre religieux, plus que celui des Carmes déchaussés, n'était propre à l'œuvre des missions*. Clément VIII ne s'était pas borné à des paroles : il avait, de son autorité suprême, assemblé auprès de lui, sous le nom de Congrégation d'Italie, des religieux d'élite et profité de leur zèle pour les lancer, dès 1604, dans la carrière saintement aventureuse de l'apostolat chez les infidèles. Les circonstances qui accompagnèrent cet acte sont trop intéressantes, elles tiennent de trop près à notre sujet pour que nous ne les rapportions pas avec quelque détail.

Un Bref du 13 novembre 1600 avait érigé la Congrégation d'Italie. Les supérieurs d'Espagne, pour renforcer l'institution naissante, envoyèrent quelques-uns de leurs religieux et, dans le nombre, le Père Jean de saint Elisée, jeune profès qui plus d'une fois avait manifesté le désir de devenir missionnaire. Destiné à la fondation de Naples que le Com-

(1) « Hoc est proprium Instituti vestri ut post pœnitentiam, orationem et contemplationem attendatis saluti animarum. » (Lettre du cardinal Pinelli au général d'Espagne.)

missaire général de la Congrégation, l'illustre Père Pierre de la Mère de Dieu, avait récemment établie, il y fit connaissance avec un noble personnage et, voyant cet homme généreux dans la disposition d'employer ses biens à quelque œuvre de zèle conforme à celles qu'il rêvait, projeta tout aussitôt d'établir une mission en Palestine. L'accueil que reçurent ses idées ne fut pas encourageant. Plusieurs, parmi les religieux, y étaient opposés en principe ; le Père Pierre lui-même, bien qu'il fût loin de verser dans cette erreur, trouvait cependant téméraires les desseins du jeune Père et jugeait tout au moins son initiative imprudente. Toutefois il ne voulut ni s'en rapporter à ses impressions propres, ni admettre, sans contrôle, les plaintes des réclamants. Sa grande sagesse lui inspira une résolution dont il faut le bénir, car elle nous a valu la plus solide apologie des Missions au Carmel.

Le Père Jean de Jésus Marie brillait alors entre tous non seulement par sa science mais aussi par son amour de la retraite, de la mortification et de la prière. Il fut chargé par le Père Pierre de recueillir les avis des religieux les plus graves et « d'exposer ensuite, dans un mémoire écrit et bien fourni de raisons, ce que, en conscience et eu égard seulement à la gloire de Dieu, il considérerait comme étant l'expression de la vérité (1) ». Or, dans les quatre chapitres de son travail, que l'on peut lire au tome III de ses Œuvres complètes, le vénérable auteur établit avec une remarquable vigueur que les missions ne sont pas seulement permises aux Carmes déchaussés, mais qu'elles leur sont commandées par l'esprit de leur institut et qu'elles en forment, à vrai dire, le couronnement. Voici de quelle manière, répétant sous forme nouvelle et didactique ce que sainte Thérèse avait inculqué, il exprime le rapport intime existant au Carmel entre le zèle des âmes, à son plus haut degré dans l'œuvre missionnaire, et la pratique de tous les exercices réguliers :

« Posons, dit-il, comme principe évident par soi-même que tout ce qui mène à la per-

(1) Berthold-Ignace de Saint-Anne, *Histoire de l'établissement de la Mission de Perse*. Bruxelles, Société belge de librairie. P. 18. — L'introduction de cet ouvrage est ce que nous connaissons de meilleur sur l'esprit apostolique du Carmel réformé et sur la question des missions, du moins en langue française.

fection les religieux particuliers y conduit également l'institut dont ils sont membres. Ceci admis, voici deux religieux : l'un ne pense qu'à observer sa règle et à faire son propre salut ; l'autre rêve de se donner aux missions ; lequel, je vous prie, sera plus ardent à fréquenter le chœur ? lequel supportera mieux mortifications, reproches, maladies, tentations ? La chose est bien claire : il est d'expérience quotidienne que de borner ses vues à l'horizon domestique résulte une certaine paresse dans l'emploi des moyens par où l'on mortifie les passions et l'on acquiert les vertus. Rarement alors on en use de manière à conquérir une sainteté qui sorte du commun. C'est que, s'accoutumant à l'observance journalière, on voit bientôt s'aplanir les difficultés des premiers temps ; rien ne sollicite l'âme à s'élever haut pour vaincre ; la routine alanguit et endort ; il est bien à craindre que, satisfait du train ordinaire, le religieux ne retourne vite et loin en arrière, puisqu'il ne donne plus signe d'avancement... Ceux-là, au contraire, que la pensée des missions préoccupe sont, pour leur propre salut d'abord, pour le bien de l'Ordre ensuite, d'efficaces et zélés promoteurs. Pour ne parler que des actes et des labeurs communs, quel courage n'apportent-ils pas aux heures canoniales, aux disciplines, aux chapitres, aux divers travaux de cloître, par cela seul qu'ils pensent à propager jusqu'aux régions lointaines l'observance et à mourir, s'il le faut, pour l'y implanter ! Il est impossible de ne pas voir en eux une certaine grandeur d'âme que la mesure commune de la discipline monastique ne peut combler et qui cherche des veilles plus longues, des disciplines plus rudes, de plus pénibles humiliations. Ne savent-ils pas que tout cela se trouvera, encore aggravé, dans la vie de missionnaire ? d'avance ils l'embrassent en esprit ; ils veulent y préluder dans le monastère pour ne pas aller au combat sans s'être d'abord exercés. »

Après ces considérations et beaucoup d'autres semblables qui ne peuvent malheureusement trouver place ici, le Père Jean de Jésus dit vers la fin de son mémoire : « Par tout ce que nous venons d'exposer, il est clair que les missions entrent dans la fin de notre institut. Donc il nous semble non seulement que nous devons les approuver mais encore qu'il ne nous est pas permis d'en différer l'entreprise. En voici la raison, très forte et très convaincante. Actuellement, grâce à Dieu, l'Ordre est dans un état florissant d'observance ; par le cours des temps il verra, comme tous les autres, sa ferveur se ralentir. Par conséquent, il est évident aux yeux de tous qu'il faut s'appliquer aux missions plutôt maintenant que dans l'avenir ; car, lorsque l'observation des lois viendra à se relâcher, il vaudra mieux songer à disparaître qu'à entreprendre des missions. » On voit par ces paroles combien le vénérable Père était persuadé de la connexion nécessaire qu'il y a, dans la vie du Carmel réformé, entre les œuvres du ministère et l'observance de la loi : ce sont vraiment choses solidaires ; l'une ne peut vivre longtemps sans les autres. Aussi conclut-il : « Les objections sont réfutées ; il ne nous reste plus qu'à consoler, par nos travaux, le cœur de Jésus-Christ, notre Dieu et notre Rédempteur, en étanchant la soif qu'il avait du salut des hommes, soif qu'il nous a manifestée avec tant de sollicitude au moment de sa mort, et à aller jusqu'aux extrémités de la terre annoncer à nos frères, avant qu'ils se perdent, le salut qu'il nous a acquis par l'effusion de son sang précieux. »

Tout joyeux de la décision du juge que lui-même avait choisi, et voyant avec bonheur que tous s'inclinaient devant sa sentence, le Père Pierre alla mettre aux pieds du Souverain Pontife cette détermination « comme une humble offrande dont Sa Sainteté, quand elle le jugerait à propos, daignerait disposer à son gré pour la gloire de Dieu et pour le bien de la foi (1) ». Clément VIII répondit dans les termes les plus affectueux, disant qu'il acceptait avec grande consolation. Mais, quand le Père lui fit part du dessein qu'on avait formé de commencer par la Terre Sainte et de se remettre en possession du Mont Carmel, le pape répliqua que ce projet ne lui souriait guère et qu'à son avis le mieux serait d'aller en Perse où les dispositions du roi donnaient lieu d'espérer un très grand fruit. Des circonstances spéciales de diplomatie déterminaient cette préférence de Clément VIII ; la divine Providence allait en faire sortir un résultat inattendu : la préparation du monastère où se formeront nos deux martyrs.

(1) *Mission de Perse*, p. 28.

Ce qui précède avait lieu en 1604. L'année suivante, au mois de mai, tandis que les trois premiers missionnaires traversaient nu-pieds, en habit religieux, sans rien omettre de leurs exercices réguliers, l'Allemagne hérétique pour gagner la Pologne et de là, par les plaines de Moscovie, parvenir au but de leur lointain voyage, le Chapitre général de la Congrégation, rassemblé à Rome pour la première fois, donnait un spectacle unique peut-être dans l'histoire des ordres religieux. Tous les Pères qui le composaient, y compris le Général que l'on venait d'élire, tous s'offrirent dans un élan spontané, renonçant à leurs charges honorifiques, pour aller, eux aussi, travailler au salut des âmes selon que l'obéissance le leur commanderait. Depuis lors, en souvenir de cette journée et pour que l'esprit de mission, qui plana sur le berceau de la réforme, ne cesse pas d'en réchauffer les membres, chaque fois que les Carmes déchaussés renouvellent leurs vœux, c'est-à-dire deux fois l'an, ils ajoutent à la promesse solennelle d'obéissance, de chasteté, de pauvreté qui fait le fond de toute vie religieuse, le propos d'aller n'importe où, sur l'ordre des supérieurs, pour procurer la conversion des infidèles ou des hérétiques.

Cependant, après quatre ans de fatigues, de dangers, d'héroïque patience, les trois premiers élus parvinrent, en 1608, à Ispahan, où le shah les reçut avec honneur et bienveillance comme ambassadeurs du Souverain Pontife. Nous n'avons pas à raconter les développements et les vicissitudes de cette mission : elle n'est, au point de vue de notre récit, qu'une sorte d'avenue par où l'Ordre fut conduit pour arriver à Goa. En effet, on s'aperçut bien vite que la faveur des princes persans était capricieuse et chancelante. Les Pères songèrent à installer, dans les domaines chrétiens qui avoisinaient la Perse, des refuges où ils pussent envoyer leurs convertis et, en cas de besoin, se retirer eux-mêmes. Le Père Léandre de l'Annonciation établit de la sorte une résidence à Ormuz qui était alors un poste portugais. Mais, cette ville ayant été prise, peu après, par les Persans, il fallut chercher ailleurs, Le Père jeta les yeux sur Goa.

« Il n'est pas croyable, raconte Philippe de la Sainte Trinité, combien il souffrit de travaux, de difficultés, de contradictions en cette sainte œuvre ; mais par sa prudence singulière et par son incroyable patience, il disposa si bien toutes choses que le Vice-Roi, qui était dom Ferdinand d'Albuquerque, y consentit et que l'archevêque dom Christophe de Lisbonne, de l'ordre de saint Jérôme, très affectionné à notre Mère sainte Thérèse et à nous-mêmes, donna licence de fonder, mû à cela par l'événement suivant. » Il avait ordonné « que l'on ferait, pour quelque affaire de grande importance, une procession solennelle et publique où l'on devait porter quantité de reliques et de châsses, aussi bien que les images de plusieurs saints ornées de magnifiques vêtements. Ayant obtenu facilement sa licence pour mettre au nombre de ces saints notre Mère (1), l'on en fait aussitôt la statue et on la pare de joyaux et de très précieux ornements. Le jour destiné à la procession étant arrivé, on la porte à l'archevêque tout éclatante comme elle était d'or, de perles et de pierres précieuses, tenant entre les mains une très humble requête. Le dévot prélat admire sa beauté, prend de ses mains le papier pour le lire, et

(1) Sainte Thérèse avait été béatifiée en 1614.

y voit comme quoi notre sainte Mère le supplie très instamment de lui accorder la fondation des Carmes déchaussés, ses enfants, en la ville de Goa. Ce bon prélat pleure de dévotion et de tendresse ; et, dès lors, c'est-à-dire l'an de Notre-Seigneur 1620, il donne très aisément le pouvoir de fonder (1). »

Nous voici parvenus, avec l'établissement de cette forteresse d'avant-postes, au point précis où se noue la divine intrigue de l'histoire que nous racontons. Admirables combinaisons des desseins de Dieu ! Il a, de toute éternité, prédestiné deux hommes pour que, se rencontrant sur un même champ de bataille, ils y remportent ensemble la couronne d'un commun martyre. Il a résolu que la mort héroïque de ces hommes et leur future gloire seraient la consécration du renouvellement d'esprit opéré peu auparavant dans un grand Ordre religieux. Voyez comme, dans ce but complexe, il dispose de loin les événements et les dates, de quelle façon douce et puissante il met les personnages en mouvement. Tandis que grandit dans un village du Portugal celui qui deviendra le

(1) *Voyage d'Orient*, pp. 432-433.

B. Rédempt, tandis que naît à Honfleur son compagnon de lutte et de victoire, un acte du Pontife romain tire du sein de l'Ordre en question la Congrégation d'Italie : le Bref est du 13 novembre ; le baptême de Pierre Berthelot, du 12 décembre 1600. A peine plantée, la jeune branche du Carmel thérésien veut porter des fruits d'apostolat : le vicaire de Jésus-Christ désigne aux premiers missionnaires la route de Perse ; et il se trouve qu'en prenant cette direction, qui n'était pas celle de leurs désirs, ils aboutissent à préparer le lieu de rendez-vous où, par des voies étranges, les deux prédestinés s'acheminent en ce temps-là même et qui sera leur point de départ pour le sacrifice, pour le triomphe.

CHAPITRE V

Le Pilote royal

(1629-1634)

CHAPITRE V

LE PILOTE ROYAL (1629-1634)

Décadence portugaise. — Berthelot nommé pilote-major. — Il se rencontre avec les Atchinois. — Malacca débloqué. — L'expédition de Mombaza : une leçon de martyre. — Jalousie et ferveur. — Il ne faut pas jurer ! — Les Jésuites le refusent. — Un compatriote. — Escapade nocturne. — L'habit du Carmel.

En février 1629, époque où Berthelot débarquait à Goa, la situation des possessions portugaises, menacées par les compagnies commerciales, devenait de plus en plus critique. C'était dans l'histoire un fait nouveau, l'apparition de ces compagnies. Jusqu'alors la colonisation, dont l'essor ne remontait d'ailleurs qu'aux découvertes du XVe siècle, était demeurée presque exclusivement religieuse et militaire. Le commerce n'offrait qu'un intérêt secondaire, étant soigneusement monopolisé par les rois. La conquête territoriale et l'évangélisation restaient les buts principaux. C'est sur de tels principes que les courses de Vasco de Gama et les exploits d'Albuquerque avaient fondé, dans l'Océan Indien, l'empire colonial du Portugal. Il consistait en un chapelet de forteresses disséminées le long des côtes, de la pointe australe d'Afrique à la presqu'île de Malacca. Les institutions européennes, transportées de toutes pièces, y fonctionnaient comme dans la métropole. Les peuplades indigènes étaient comptées pour rien.

Toute différente fut la manière des pionniers de race germanique et anglo-saxonne quand, à la suite des transformations politiques dont s'accompagna la soi-disant Réforme, ils apparurent dans ces mers. Ils y venaient non en chevaliers mais en trafiquants. Ils avaient à cœur non d'y propager la foi chrétienne, mais d'y fonder de bons comptoirs. Profitant des libertés récemment inscrites dans les constitutions de leurs pays respectifs, ils s'étaient associés en compagnies autonomes. Nous avons vu à l'œuvre celle des Hollandais. Elle n'avait pas trente ans d'existence et déjà elle s'était rendue maîtresse, ou peu s'en fallait, du négoce dans toute la Malaisie. Ses vaisseaux pourchassaient, nous savons avec quel acharnement, ceux des concurrents. Quand il s'agissait de faire brèche à une domination rivale, ses agents ne regardaient pas à s'allier avec les principicules indigènes musulmans ou païens. La lutte était donc incessante. Entreprise pour des intérêts commerciaux, elle s'agrandissait en raison des idées et des principes qui y jouaient tacitement un rôle ; elle s'envenimait de toutes les passions politiques ou religieuses qui entraient nécessairement en ligne. Lutte de deux peuples : l'un monarchique, le Portugal (ou plutôt l'Espagne dont il était alors une province) (1) ; l'autre républicain. Lutte de deux religions : les guerres du XVIe siècle en Europe s'étaient simplement transportées aux extrémités du monde ; noms et drapeaux n'avaient qu'à peine changé. Et dans cette lutte les vice-rois de l'Etat des Indes, portugais et catholiques, sentaient de plus en plus leur échapper la victoire ; peu à peu dépouillés par l'adver-

(1) Conquis par Philippe II en 1580, quand s'éteignit la dynastie de Bragance, le Portugal ne recouvra son indépendance qu'en 1640.

saire, ils n'avaient d'espoir que dans le nombre de leurs navires et l'habileté de ceux qu'ils chargeaient de les diriger.

Dans de telles conjonctures, l'évêque Louis de Brito, qui gouvernait alors, ne pouvait manquer de bien accueillir l'homme éprouvé que lui adressait, avec une lettre d'éloges, le capitaine-général de Malacca. Celui-ci réclamait une flotte de secours, et il est bien probable qu'il désignait Berthelot comme très capable de la guider. De fait, quand, après la mort prématurée de Brito, don Nuno Alvarez Botelho, gouverneur par intérim, eut rassemblé cette flotte, Pierre, quoique jeune et étranger, en fut nommé premier pilote. Le voilà donc à la tête d'environ trente galères et chargé de les mener au secours de Malacca. Cette forteresse « clef des parties du midi » était tenue étroitement bloquée par les Atchinois que les Hollandais excitaient sous main.

Ce fut une campagne brillante et qui eut jusqu'en Europe un retentissement considérable. Le *Mercure français* de ces années-là en publia une relation dont voici quelques lignes : « Nuno Alvarez, étant choisi pour conduire le secours à Malacca, fut bien aise de cette charge pour avoir été autrefois employé aux guerres contre les Hollandais. Pour l'exécution de ce dessein, il fit équiper et armer trente navires et quelques galions pour porter les vivres et les munitions. Il partit de Goa avec cette armée (le 22 septembre 1629) et, suivant sa route, arriva en vue de Malacca, où il trouva la ville assiégée par terre et par mer par les Atchinois qui avaient en leur armée navale plus de trois cents voiles et trente galères royales. Après que Dom Nuno eut reconnu le camp des ennemis, il les alla investir de nuit durant laquelle il les assaillit, les défit et mit en déroute, et poursuivant sa victoire descendit à terre avec ses forces et alla attaquer le gros de l'armée des Atchinois, plus grande beaucoup en nombre d'hommes que la sienne, néanmoins se confiant au courage des siens la combattit et la défit emmenant grand nombre de prisonniers, le reste étant contraint de se sauver. Et ainsi la ville de Malacca fut délivrée du siège qu'elle avait soutenu l'espace de cinq mois, étant alors réduite à une grande disette de vivres mais ayant résisté puissamment contre les attaques des ennemis (1). »

(1) *Mercure français*, t. XVI, p. 512.

Certes c'est aux talents du général Nuno Alvarez « qui jouissait d'une grande réputation d'habileté militaire et de brillante valeur (1) » qu'il faut en première ligne attribuer l'honneur d'une si belle victoire. Mais lui-même aimait à reconnaître combien l'expérience de son jeune pilote y avait contribué. « La flotte des ennemis, nous dit le Père Philippe, avait donné fond en un bras de mer très étroit. » Berthelot, qui connaissait parfaitement ces parages, comprit tout de suite le parti qu'on pouvait retirer d'une telle maladresse. Il en avertit le général et, sur son ordre, lançant à toute vitesse ses navires, vint les ranger à l'embouchure du golfe où les Atchinois se trouvèrent enfermés. Cette manœuvre eut lieu de nuit, on nous l'a dit tout à l'heure. Au matin « les ennemis tentent à diverses fois d'en sortir, mais ils y sont généreusement repoussés ; ils offrent le combat, mais on le leur refuse ; de sorte qu'après avoir souvent tenté vainement la fuite, et l'espérance de pouvoir échapper leur étant entièrement ôtée..., ils se rendent enfin à discrétion (2) ».

(1) Bréard. — Préface, p. 15.

(2) *Voyage d'Orient*, p. 488. — On remarquera sans

Ce succès, dû en partie aux « grands services » du pilote, n'eût pas été complet si le vainqueur n'en avait profité pour nettoyer la mer « des pirates hollandais qui l'écumaient impunément et en avaient fermé tous les passages (1) ». Alvarez organisa une croisière et Pierre eut à conduire les Portugais victorieux à la poursuite des corsaires qui, neuf années auparavant, le traînaient captif avec ses compagnons le long de ces mêmes rivages. Au printemps de 1630 (2), dans ce port de Jambi où nous l'avons vu jadis aborder avec la troupe décimée des Malouins, deux vaisseaux hollandais furent capturés et sa conduite en cette affaire fut si belle que le général lui promit l'habit de l'Ordre militaire du Christ, distinction très recherchée en Portugal.

doute des divergences entre ce récit et celui du *Mercure français*. Elles ne sont pas irréductibles. Pour nous qui n'avons pas à rétablir les péripéties du combat, il suffit d'avoir mis en relief le rôle de Berthelot. C'est alors que, pour la première fois, il se trouva face à face avec ses futurs bourreaux.

(1) *Voyage d'Orient*, p. 488.

(2) Le Père Philippe met le fait au 21 avril. Peut-être faut-il lire 21 mars. C'est en effet au 26 de ce mois que la *Nouvelle Biographie générale* place la mort glorieuse de Botelho.

Un autre jour, on attaquait un grand navire de guerre. Berthelot, ayant rempli pour les approches son office de pilote, se montra dans l'abordage soldat valeureux. Des premiers il se jette sur le pont de l'ennemi, parvient jusqu'au mât, y grimpe et, détachant l'étendard, revient le déposer aux pieds du gouverneur. Cette minute de *furia francese* ne dépare pas la physionomie du Bienheureux.

Botelho, ravi de tant de courage, lui donna sur le champ deux armes de grand prix. De plus, jugeant insuffisante cette marque de satisfaction, il usa de son droit suprême pour anoblir, séance tenante, le vaillant pilote. Même il lui composa, tandis qu'autour d'eux sifflaient les balles, les armoiries de son blason : une tour chargée d'un étendard, en mémoire de l'exploit qu'il venait d'accomplir. Il ne restait plus, pour faire de Pierre un gentilhomme portugais, qu'à entériner ses lettres de noblesse. Mais Celui de qui vient toute grandeur l'appelait à une distinction plus haute. Dieu permit que le gouverneur qui lui voulait tant de bien pérît dans ce combat même. Berthelot ramena la flotte à Goa.

Son engagement expirait à ce retour. Mais le nouveau vice-roi, arrivé récemment de Lisbonne, dom Miguel de Noronha comte de Linharès, ne voulut point se priver de ses services : pour se l'attacher définitivement il lui donna en propriété le premier titre nautique de l'Etat des Indes, celui de pilote-major et cosmographe du roi. C'était une charge de confiance, rapportant peu de profit (1) mais plaçant son titulaire en un rang très honorable. Dès 1631 il eut à en remplir les fonctions dans une expédition contre le roi de Mombaza.

Sur la côte orientale d'Afrique, non loin de Zanzibar, se trouve une petite île, excellente station pour les navires. C'est l'île de Mombaza. Depuis longtemps le Portugal avait là une forteresse. Les indigènes d'alentour étaient soumis : leur chef, élevé par des missionnaires, faisait profession de christianisme. Malheureusement sa foi n'était pas de taille à résister aux injustices des

(1) D'après M. Bréard, les émoluments du pilote-major équivalaient à 450 francs environ de notre monnaie. Il est vrai qu'au XVIIe siècle cette somme représentait beaucoup plus que de nos jours. C'était modeste cependant.

gouverneurs européens. Un jour il secoua tout ensemble le joug des blancs et celui de l'évangile. Le néophyte d'hier devint persécuteur. « Il entra dans le château qui n'était guère bien gardé, accompagné de plusieurs des siens, tua le gouverneur et ensuite massacra cruellement les autres Portugais, principalement quelques Pères Augustins (1) » ses anciens maîtres. Puis il se tint prêt à repousser toute tentative qui serait faite pour châtier sa rébellion. L'escadre, envoyée de Goa, rencontra en effet une sérieuse résistance avec de grands périls. Ces barbares avaient des flèches imprégnées d'un poison subtil : quiconque en était atteint, fût-ce légèrement, mourait dans d'atroces souffrances.

Pierre Berthelot, comme toujours, fit plus que son devoir. Non content d'avoir conduit les navires, il fut au premier rang quand on donna l'assaut. Quelle ne dut pas être l'émotion de son âme généreuse en contemplant, dans la forteresse reconquise, les restes des nombreux martyrs parmi lesquels un groupe de femmes s'étaient distinguées par leur héroïsme ! On citait en particulier

(1) *Voyage d'Orient*, p. 274.

une certaine Goanaise, Natalie de Saa, qui, en face des tourments cruels dont on les menaçait toutes si elles n'apostasiaient, avait encouragé et soutenu jusqu'au bout ses compagnes. Mis en présence d'un tel exemple qu'il devait plus tard si bien suivre, le religieux pilote se sentit pénétré d'un ardent désir et de son cœur, nous n'en doutons pas, monta vers Dieu cette muette prière : « Oh ! si moi aussi je pouvais mourir d'une pareille mort ! » D'avance il était exaucé.

Sa piété grandissait chaque jour, et avec elle son zèle. Le Bref de béatification nous le montre « assis au gouvernail du navire mais la pensée et le cœur fixés en Dieu, saisissant toutes les occasions d'améliorer les mœurs des matelots et joignant aux leçons de vertu l'exemple de sa conduite. Rien ne lui était plus pénible que d'entendre blasphémer le saint nom de Dieu : si parfois quelque juron hideux frappait ses oreilles, tout son visage s'enflammait et il reprenait avec tant de force les coupables que plusieurs ensuite n'osaient plus ouvrir la bouche ni presque respirer devant lui ». Il venait volontiers en aide aux pauvres et aux infirmes. Quand il était à terre, on le voyait assister, non sans verser des larmes, aux sermons qui se donnaient dans les nombreuses églises. En service sur les flottes, il était le premier aux offices et aux instructions des aumôniers. Enfin, n'oublions pas ce détail, il manifestait sa dévotion à la très sainte Vierge en récitant chaque jour le rosaire et en jeûnant tous les samedis. Il était bien toujours l'enfant de Notre-Dame de Grâce en attendant qu'il devînt bientôt le fils chéri de Notre-Dame du Mont-Carmel.

Dieu, qui conduisait ainsi son serviteur et lui donnait des leçons de martyre, prenait soin d'empêcher qu'il ne s'attachât aux honneurs qu'on lui prodiguait. Car le monde avait pour lui des sourires et, jusqu'à la fin, la faveur du vice-roi le chargea de missions de confiance dont il s'acquitta toujours avec succès. Mais Dieu, non content de lui faire sentir tous les jours plus fort l'aiguillon de la vocation religieuse, permit contre lui les attaques de la jalousie, dégoût des nobles âmes.

Beaucoup, dès le début, n'avaient pas vu sans peine cet étranger, ce Français, parvenir d'emblée à un poste de cette importance. Plus d'une fois on avait tenté d'ébranler la confiance des chefs. Un jour, durant la croisière de 1630, Alvarez Botelho « lui ayant commandé d'aborder le vaisseau des Hollandais, et remarquant que le cours de la marée ne lui était pas favorable pour conduire la galiote du gouverneur droit au vaisseau, il gagne le dessus. Aussitôt les clameurs de presque tout ce qu'il y avait de monde s'élevèrent contre lui comme un traître et toutes les autres galères attaquèrent de front le vaisseau des ennemis. Mais, les vagues concourant au dessein de notre pilote, la galiote qu'il gouvernait ne déchut qu'autant qu'il fallait pour s'attacher au vaisseau, au lieu que toutes les autres furent emportées fort loin (1) ». Les défiances n'avaient servi qu'à manifester la capacité de Pierre et sa supériorité sur tous ses rivaux.

Dans l'expédition de Mombaza il eut encore à souffrir les injustes soupçons des équipages. La traversée des régions équatoriales est toujours rude, Pierre Berthelot en savait quelque chose depuis son triste voyage de 1620. De plus on était à la mauvaise saison. Aussi rien ne manqua : tempêtes,

(1) *Voyage d'Orient*, p. 489.

calmes-plats, pénurie d'eau et de vivres. On en fit retomber la faute sur le pilote-major. C'était un traître, criait-on, un hérétique! Accusation suprême celle-là, qui pouvait mener jusqu'à l'Inquisition ; et ce tribunal, à Goa, n'était pas tendre. L'innocent se taisait : il offrait à Dieu cette épreuve, destinée à rompre les derniers et invisibles liens par où peut-être il tenait encore au monde.

Cependant il accomplissait en conscience tout ce qui était de sa charge. Après la prise de Mombaza, on l'y envoya de nouveau pour ravitailler la place. Il fit encore, vers le même lieu et dans les eaux de Madagascar, des sondages pour repêcher des navires naufragés. Surtout il revisa la carte marine (1), en particulier dans les parages de Malacca et d'Atchin : Dieu le ramenait à mainte reprise vers les rivages prédestinés d'où il devait monter au ciel.

Au milieu de ces labeurs, la pensée de tout quitter finit par s'imposer à l'esprit du pilote. Une lumière se fit, lui montrant l'en-

(1) Nous aurons l'occasion de revenir sur ce travail qui a particulièrement attiré l'attention de plusieurs auteurs. Voir plus bas, p. 110-111.

chaînement des grâces qui l'avaient conduit jusqu'à ce plein épanouissement de la vocation. Son cœur n'était pas de ceux qui résistent aux divins appels. Aussi le voyons-nous, dès les premiers temps de son séjour dans l'Inde, chercher un Ordre religieux au sein duquel il pût, laissant sa carrière mondaine, s'élancer pénitent et pauvre dans celle de l'apostolat. La Compagnie de Jésus l'attirait. La réputation de ses membres, le souvenir de saint François Xavier devant le corps duquel il avait souvent prié, les œuvres multiples dont les Jésuites, en leurs trois maisons de Goa, s'occupaient pour le salut des âmes, tout cela lui inspirait le désir d'être des leurs. Mais, outre que le pilote n'avait point fait dans son enfance les études classiques, il parut trop dangereux aux Pères d'enlever au gouvernement des Indes un serviteur auquel on tenait tant.

La Providence le voulait ailleurs. Elle fit bientôt connaître sa volonté. Nous avons vu que les Carmes déchaussés, après avoir fondé des missions en Perse, étaient parvenus jusqu'à Goa l'année même où Berthelot arrivait aux îles malaises ; ils avaient obtenu la permission d'y fonder un couvent visiblement destiné à être le berceau des deux martyrs. A toutes ces attentions le bon Maître ajouta celle de faire venir à point, dans la fondation nouvelle, l'homme chargé par lui de former Pierre à la vie du Carmel et d'être ensuite, devant la postérité et devant l'Eglise, son principal témoin.

Le 29 novembre 1631, le Père Philippe de la Sainte-Trinité arrivait au couvent de Goa. Cet illustre religieux, alors âgé de vingt-huit ans, destiné dans la suite à remplir avec grand honneur les plus hautes charges de l'Ordre, venait des missions de Perse pour enseigner la philosophie aux élèves du nouveau séminaire. Il était Français : c'est cette circonstance qui amena le rapprochement entre lui et Berthelot. Celui-ci, assistant un jour à des thèses publiques auxquelles le Père prenait une part brillante, demanda quel était ce religieux. Comme compatriote, il désira le connaître et bientôt l'intimité s'établit entre deux âmes bien faites pour s'unir dans un même amour de Dieu. Le Père Philippe ayant été, peu de temps après, nommé supérieur, Pierre n'hésita plus : il lui demanda son admission au Carmel.

L'affaire demandait réflexion. Les mêmes

inconvénients qui avaient arrêté les Pères Jésuites s'offraient à l'attention des Carmes déchaussés. Quel moyen de déplaire, sans un motif extrême, à un gouvernement comme celui des Indes, de qui dépendait, somme toute, l'existence des communautés? N'était-ce pas, d'autre part, nuire au bien public que d'enlever le chef de toutes les flottes à un moment où l'Etat se voyait attaqué sur tous les points? On dirait que Dieu accumule exprès des obstacles devant les bonnes vocations : un coup de sa toute-puissance suffit ensuite à les rompre, et c'est le triomphe de la foi.

Tandis que le P. Philippe et les Pères du couvent cherchaient dans la prière la solution de leurs doutes, Pierre, de son côté, ne demeurait pas oisif. Le temps pressait. Le comte de Linharès, parvenu au milieu de son second triennat (1), parlait déjà de son retour en Europe. Il avait entrepris d'y ramener avec lui son cher pilote pour le présenter à la cour et lui assurer une fortune. La façon la plus sûre de déjouer ces projets, c'était de

(1) Les vice-rois des Indes étaient nommés par le roi tous les trois ans.

revêtir bien vite l'habit religieux : Linharès ne réclamerait pas, une fois la chose faite.

D'ailleurs, à supposer que le vice-roi consentît à le laisser à Goa, il convenait quand même de hâter la vêture car le successeur, aussitôt mis au courant des affaires, pourrait bien l'empêcher tout de bon. Par toutes ces raisons, Berthelot pressait les religieux de l'admettre, en même temps qu'il redoublait, pour obtenir de Dieu cette grâce, ses prières et ses mortifications.

Quelques amis, en compagnie desquels il vivait, entrèrent alors en soupçon sur son compte. Chaque nuit, depuis peu, ils le voyaient sortir, lui si rangé ! Où allait-il? On résolut de s'en éclaircir. Les voilà donc à guetter son départ et à le suivre, de loin, le long des rues. Ils sont conduits de la sorte jusqu'au vestibule de l'église des Carmes et assistent là au spectacle le plus inattendu : Berthelot se dépouillant jusqu'à mi-corps et se déchargeant sur les épaules une sanglante discipline. Ils se retirèrent pleins d'étonnement et tout confus d'avoir élevé un doute contre sa vertu. Depuis, ils avaient coutume de lui dire en plaisantant : « Hé ! de grâce, ne nous fuyez pas ainsi ; vous avez beau vous cacher, nous connaissons très bien la Dame à qui vous rendez visite. »

Tant de générosité méritait une récompense. Il fut enfin admis aux exercices spirituels qui précèdent la réception de l'habit et, les ayant achevés à la satisfaction de tous, il fut jugé très digne d'en être revêtu. La cérémonie eut lieu le 24 décembre 1634 (1). Le Père Philippe, qui la présidait, changea le nom de Pierre que le postulant avait porté jusqu'alors « en celui du grand apôtre de la France, saint Denis, y ajoutant le surnom *de la Nativité* à cause du jour suivant qui était celui de la bienheureuse naissance du Sauveur du monde ».

(1) Nous adoptons cette date de 1634 donnée par le *Voyage d'Orient* (p. 445). Ailleurs le P. Philippe en donne une autre. Mais cette autre entraîne toute une série de difficultés et même d'impossibilités chronologiques. Notre choix se trouve corroboré par la date certaine du départ de Linharès (9 décembre 1635). C'est là le pivot de tout.

R.F.

CHAPITRE VI

Le Noviciat

(1634-1635)

CHAPITRE VI

LE NOVICIAT (1634-1635)

Un couvent de Déchaussés. — Charité et pénitence. — La cellule. — Précieux témoignage. — Cartes-reliques. — Un orage arrêté par un discours. — Le F. Denis fait profession.

Le couvent où Denis de la Nativité allait naître à la vie du Carmel comptait parmi les plus beaux de la ville de Goa, si riche en maisons religieuses. Il n'y en avait aucun « qui fût effectivement ni qui parût plus agréable (1) ». Bâti au sommet d'une colline d'où l'on dominait les principaux quartiers, il était presque au centre de la ville ; mais, par derrière, « la sortie des champs était très facile » à cause du peu d'habitations qui se trouvait de ce côté. La vue embrassait un

(1) *Voyage d'Orient*, p. 139.

panorama splendide et le vent de mer apportait les plus saines effluves. De ce monastère, que l'on peut bien dire établi pour nos deux martyrs puisque, fondé en 1620, il disparut dès les premières années du XVIIIe siècle, il ne reste aujourd'hui qu'une pierre sépulcrale, probablement celle qui fermait le caveau de la communauté. On la trouve chez des religieux du nouveau Goa, encastrée dans la muraille d'un corridor. Elle porte, en latin, l'inscription suivante : *Ici reposent des pauvres, les Carmes. Leurs corps, gisant en cette poussière, furent longtemps macérés dans l'exercice de l'oraison et de la pénitence. Leurs âmes, chargées de mérites, sont parvenues au bonheur du ciel* (1).

A l'origine, le lecteur s'en souvient, la fondation ne devait être qu'un refuge pour les missionnaires de Perse et leurs néophytes.

(1) Voici le texte latin : « Hic jacent pauperum illa Carmelitarum corpora, orationibus et pœnitentiis diu macerata, quorum spiritus tandem meritis onusti cœlum feliciter petierunt. » — C'est la *Vita dei Beati martiri P. Dionisio della Nativita et F. Redento della Croce* qui nous apprend l'existence de cette inscription. L'auteur, le R. P. Spiridion, déclare en avoir reçu communication du R. P. Aloys, l'un de nos excellents missionnaires, lors de son passage à Milan.

Mais la faveur que les Pères ne tardèrent pas à se concilier, les ressources de tout genre qu'offrait le séjour d'une ville si importante, avaient décidé les supérieurs à transformer cette simple résidence en un séminaire doublé d'un noviciat. Le noviciat recueillerait et cultiverait les vocations, nombreuses en terre portugaise. Le collège formerait des missionnaires.

Il existait de ces sortes de maisons en différentes provinces depuis que les premiers Pères de la Congrégation avaient, comme nous l'avons raconté plus haut, solennellement admis le principe de l'évangélisation des infidèles. On y envoyait les sujets qui semblaient animés de l'esprit de mission et tout y contribuait à diriger vers le salut des âmes l'application et les aspirations de ces religieux : on leur enseignait les langues, la controverse ; on leur faisait lire les lettres venues des différentes missions ; on les exerçait à prêcher la parole de Dieu dans le voisinage aux pauvres et aux ignorants ; durant les récréations, de naïfs divertissements simulaient des scènes de martyre.

Le séminaire de Goa présentait ceci de particulier que, se trouvant placé pour ainsi dire en grand garde, à la lisière des contrées païennes, il devait se suffire à lui-même. A la fois noviciat, maison d'études, demeure conventuelle pour des religieux déjà formés, il résumait tous les genres de monastères sauf les ermitages : c'était, qu'on nous passe l'expression, un raccourci de tout l'Ordre.

La même variété se retrouvait naturellement dans les exercices. Tandis que se formaient, à l'intérieur, les novices et les étudiants, les religieux âgés s'employaient, au dehors, à divers ministères. Le Père Philippe de la Sainte Trinité nous renseigne à cet égard : « Parce que, dit-il, ce couvent est dans les terres des Portugais, l'on y fait les mêmes exercices qu'en Europe pour ce qui est des prédications et des confessions, et de plus l'on y procure la conversion des gentils qui demeurent là et l'on en convertit tous les ans plusieurs. » Lors d'une grande famine qui sévit en 1631, « nos Pères poussèrent, par leurs conseils et par leurs prières, les magistrats de Goa à faire bâtir un hôpital pour recueillir les pauvres qui périssaient misérablement de faim. L'on y recevait une multitude presque infinie de gentils qui, étant presque tous convertis par nos Pères, à qui le soin de cet hôpital avait été donné, en étaient baptisés. Nos Pères vont aussi quelquefois du couvent de Goa aux terres des gentils, tant pour leur prêcher l'évangile que pour en ramener les Portugais qui s'y réfugient souvent et y demeurent avec danger de leur salut (1). » Telles étaient les laborieuses et saintes œuvres qu'ajoutaient à la pénitence et à la prière ceux dont le pilote-major de l'Etat des Indes venait de revêtir le costume et d'embrasser la vie.

La première vertu d'un novice, c'est le courage. Il en faut pour donner à la nature les assauts décisifs et la jeter, captive, aux mains de la divine grâce. Il en faut davantage pour maintenir les premières victoires et les couronner d'une persévérance que faiblesse, dégoût, tentations de tout genre s'efforcent de briser. Quel que soit le caractère particulier, le but spécial, l'esprit propre de l'Ordre où l'on aspire, toujours le temps de probation est, comme le nom l'indique, le temps des épreuves. Il en vient de Dieu ; il en vient des hommes ; il en vient de l'homme aussi, du vieil et méchant homme qu'il faut dépouiller pour répondre à l'appel initial et obligatoire,

(1) *Voyage d'Orient*, p. 434.

l'*Abneget semetipsum* de l'évangile : Renonce à toi-même, toi qui veux marcher à la suite de Jésus.

Ces nécessaires combats réclament d'autant plus de vaillance que les trèves sont moins nombreuses et que le terrain est plus fermé. De quel intrépide courage doit-il donc armer son âme, le chrétien appelé par Dieu au noviciat du Carmel réformé ? La règle qu'il y doit apprendre, et apprendre par la pratique, se résume en somme dans un mot : la cellule. *Que chacun demeure dans sa cellule, méditant jour et nuit la loi du Seigneur, à moins que, pour de justes motifs, on ne soit occupé à autre chose* (1). Voilà qui exprime toute la vie, tout l'esprit du Carme déchaussé. Or, la cellule, un poète nous l'a décrite, un poète qui la connaissait bien :

Quatre murs bien étroits, ornés d'une croix nue
Et d'images parlant de souffrance et de foi ;
Une tête de mort pour reposer la vue ;
Un lit, de la nature inguérissable effroi ;
Un bénitier rempli de l'eau qui purifie,
Tel est ce paradis où si douce est la vie.

(1) Règle de saint Albert : « Maneant singuli in cellulis suis (vel juxta eas) die ac nocte legem Domini meditantes et in orationibus vigilantes nisi aliis justis occasionibus occupentur. »

Oui, douce, il faut le dire, et aussi très féconde, comme notre poète le déclare ensuite en ces beaux vers :

. . . . La cellule apparaît dans l'histoire
Comme un cénacle où l'homme habite avec son Dieu,
Où l'Esprit créateur, le couvrant de sa gloire,
L'éclaire, l'ennoblit, l'embrase de son feu.
Et si de ce cénacle au combat Dieu l'appelle,
Si Dieu l'expose aux traits du monde et de l'enfer,
Comme il se montre fort, audacieux, fidèle !
Son cœur est fait d'amour ; son courage, de fer (1).

Qui ne voit à quel prix s'achètent cette fécondité et cette douceur ? on ne les rencontre qu'au fond d'un abîme et à condition de s'y jeter sans terreur. Le frère Denis, à qui s'appliquent si bien les derniers vers de notre citation, l'avait compris du premier coup.

Entré en religion dans la maturité de son âge, pour le seul service de Dieu et pour son salut, il s'avançait fort courageusement, nous dit le Père Philippe, en la voie étroite de la perfection. L'ardeur qu'il mettait à gravir la montagne mystique du Carmel répondait à celle qu'il avait mise à rechercher son admission. Les années d'attente avaient enflammé

(1) R. P. Sernin de Saint-André, carme déchaussé. *Voix qui prient*, Paris, Poussielgue, 1882. PP. 234-235.

ses désirs et mûri sa volonté. Aussi se rendit-il « agréable à Dieu et aux anges, aimable à ses compagnons de noviciat et à tous les autres religieux ».

Certes les austérités n'étaient pas pour l'effrayer. Que pouvaient-elles offrir de plus pénible que ce qu'il avait enduré dans ses courses maritimes? La rudesse de la couche? Le banc de quart où il avait passé tant de nuits sans sommeil était aussi dur que la planche où il doit s'étendre pour prendre son repos. La pauvreté de la nourriture? la grossièreté du vêtement? Rappelons-nous ces traversées où manquaient les vivres, cette eau gâtée qui soulevait le cœur, la misère qui suivit l'incendie de l'*Espérance*. Tout cela égalait au moins les macérations du noviciat. Il est vrai, dans ces années d'extraordinaire ferveur, nos missionnaires ne comptaient pas avec la mortification. En toute vérité on pouvait dire d'eux ce que répétait, il n'y a pas bien longtemps, une bouche autorisée à propos d'autres fils de sainte Thérèse, leurs successeurs, qui évangélisent encore aujourd'hui, tout proche de Goa, les peuples païens du Malabar : « Les missionnaires Carmes mènent une vie des plus pauvres ; ils se privent même de ce qui est considéré comme indispensable pour la santé des Européens dans ces climats (1). » Les autres religieux, même les plus réguliers, s'habillaient là-bas d'une toile de coton très fine, teinte aux couleurs de leur Ordre. Nos Pères gardaient rigoureusement « l'âpreté de l'habit de laine presque insupportable à cause des chaleurs excessives ». Ils se refusaient l'adoucissement, généralement adopté, des bains.

Parmi des frères aînés si fervents, Denis de la Nativité se distingua encore. « Il ne se contentait pas des pénitences ordinaires;... il en ajoutait quantité de surérogatoires qu'il obtenait des supérieurs et qu'il exerçait avec dévotion. » Mais surtout (car à quoi serviraient sans cela les mortifications corporelles?) il s'appliquait assidûment à la pratique des vertus de son état. « Il était estimé de tous d'une très sainte et innocente vie, si bien que ni dans les chapitres ordonnés à la correction des fautes ni même dans les visites, où l'on est contraint, par un précepte, de découvrir charitablement les fautes des

(1) Lettre de S. E. Mgr. Ladislas Zaleski, délégué apostolique pour les Indes orientales (Voir *Chroniques du Carmel*, année 1896, p. 277).

autres, si l'on en a remarqué quelques-unes, il n'était jamais accusé de personne et il était loué de tout le monde. » Ce témoignage, qui vaut non seulement pour les premiers débuts mais pour toute la vie religieuse de notre Bienheureux, lui est décerné par celui qui le connut mieux que tous autres, ayant été son supérieur, son maître et son confident : le P. Philippe de la sainte Trinité.

Cependant le vice-roi Linharès ne parvenait pas à oublier son favori. Devant à son retour en Europe, présenter au roi d'Espagne un rapport sur tous les postes coloniaux qui dépendaient du gouvernement de Goa, il voulut que l'ancien pilote ajoutât à la rédaction de son secrétaire une reproduction en grand des cartes marines qu'il avait dressées d'une manière si exacte tandis qu'il était en fonctions. Le comte se consolait ainsi, dans une certaine mesure, de ne pouvoir l'emmener comme il l'eût désiré : du moins ferait-il connaître au souverain, par les œuvres, celui qu'il regardait comme l'honneur de sa vice-royauté. En conséquence le novice travailla durant plus d'un mois à cette œuvre vraiment magistrale. L'ouvrage sera peut-être retrouvé un jour. Les cartes particulières, antérieurement dessinées par le pilote, sont à Londres, au British museum, venues là, Dieu sait par quelles voies ! A la Bibliothèque nationale de Paris, où il nous a été donné de les voir, se trouvent des plans en couleur qu'on attribue aussi, non sans raisons sérieuses, à notre Bienheureux. Ce n'est point, comme nos cartes d'aujourd'hui, un pur assemblage de signes conventionnels. Le dessin proprement dit y trouve bonne place, car il était d'usage de représenter au naturel les objets importants : arbres, collines, édifices, murailles. De tout cela, dans l'œuvre attribuée à notre Frère, les connaisseurs prisent fort le bon goût et la finesse d'exécution. Pour nous, ce qui émeut, c'est de contempler, dessiné de sa main dans la carte d'Atchin, le lieu de son martyre.

Le noviciat allait finir, et déjà selon l'usage on avait recueilli les suffrages de la communauté, lorsque, le 9 décembre 1635, don Michel de Noronha comte de Linharès quitta Goa, après avoir reçu et installé son successeur don Pierre de Sylva. Celui-ci aussitôt fut assailli de plaintes. Même les envieux de Berthelot, qui ne le pouvaient souffrir quand il était en charge, maintenant le réclamaient au nom du bien public. Ils n'étaient pas loin de retourner contre les Carmes l'accusation de trahison qu'ils prodiguaient jadis au pilote étranger. Le vice-roi avait eu l'occasion, quelques jours après son arrivée, d'apprécier le savoir et la prudence du Frère Denis. Il s'agissait d'une flotte à envoyer à Macao, sur les côtes de Chine : la route était dangereuse, car les Hollandais s'y tenaient en embuscade et plus d'une escadre y avait déjà péri. Un Portugais, que l'Inquisition venait de condamner à l'exil pour judaïsme, se proposait (croyant par là rentrer en grâce) pour conduire les vaisseaux par un certain endroit qu'il disait absolument sûr. Les experts étaient partagés et le vice-roi demeurait perplexe. Sur le conseil des grands, il envoya chercher le novice, qui vint aussitôt accompagné de son supérieur. A peine eut-il entendu la proposition, « il répondit que par cette route l'on n'éviterait pas entièrement les embûches des ennemis mais seulement qu'on y tomberait un peu plus tard puisqu'elle allait aboutir au même terme que les autres, et même en un endroit beaucoup plus étroit ». Une si prompte décision frappa Pierre de Sylva et dès lors il prêta l'oreille aux mécontents. Il faut lire dans le *Voyage d'Orient* comment il manifesta publiquement son déplaisir :

« Le vice-roi, raconte le Père Philippe, fit assembler les plus nobles de l'Etat pour traiter avec eux de quelques affaires très importantes. Lui-même y fut en personne..... et tous les supérieurs des religions qui sont aux Indes y assistèrent. Après que les affaires pour lesquelles se faisait principalement l'assemblée furent vidées, le vice-roi ajouta : « J'ai une plainte à faire contre les Pères « Carmes déchaussés ; ils ont reçu en leur re- « ligion le pilote et cosmographe major de « cet Etat, dont il lui peut revenir de grands « dommages. » Ensuite il continua par l'exagération de ce que nous avions fait. Tous les assistants s'étant rendus extrêmement attentifs au discours du vice-roi, j'obtins licence de lui pour y répondre, ce que je fis en ces termes : « Monseigneur, celui dont parle « Votre Excellence n'est pas Portugais, mais « étranger et naturel du royaume de France. « Il avait résolu de s'en aller avec le comte « de Linharès si je ne l'en eusse empêché par « l'espérance que je lui donnai de le faire re- « cevoir en notre sainte religion. Et pour dire

« les choses comme elles sont, il faut avouer « qu'il en avait quelque raison puisqu'il ne « lui revenait qu'un peu d'honneur de tous « les offices qu'on lui avait conférés, sans « qu'il en tirât presque point de profit. Je « crois avoir grandement servi l'Etat des « Indes et le roi catholique, de lui avoir donné « notre saint habit qu'il souhaitait, puisque « par ce moyen je l'ai assuré à cet Etat. Il le « servira, tout religieux qu'il est, lorsqu'il en « sera besoin : à quoi il ne sera plus mû par « l'espoir du gain mais par la seule gloire de « Dieu, comme Votre Excellence pourra voir « par expérience. » Cette réponse ayant été fort attentivement écoutée et fort justement approuvée de plusieurs, le vice-roi se tut et laissa pour lors en paix notre nouveau Carme déchaussé (1). »

La scène est vivante. On y entend gronder l'orage qui aurait pu, en éclatant, empêcher les supérieurs d'admettre leur novice à la profession. Heureusement la harangue du Père était habile : elle ne laissait prise à aucune objection. Puisque, même religieux, l'ancien pilote serait mis, en cas de besoin,

(1) *Voyage d'Orient*, pp. 446-447.

à la disposition de l'Etat, il n'y avait plus de raison pour qu'on l'empêchât de s'engager sans retour. Libre de toute crainte, le Frère Denis acheva sa préparation et prononça, plein de joie, ses vœux solennels. « J'étais encore supérieur du couvent, continue le P. Philippe ; c'est pourquoi je puis très raisonnablement me glorifier en Notre-Seigneur de ce qu'ayant conçu à notre sainte religion un fils si saint et si vertueux, je l'enfantai spirituellement en lui faisant faire profession entre mes mains le jour de la Nativité de Notre-Seigneur de l'année 1635. A peine pouvais-je parler, pour une fluxion qui m'avait presque fermé le gosier, de sorte que quelques-uns jugeaient à propos de différer cette solennité jusqu'à ce que, cette incommodité s'étant passée, je pusse faire en public l'exhortation qui doit précéder la profession. Mais considérant combien était célèbre cette fête en laquelle ce vénérable Frère souhaitait de renaître spirituellement en Dieu, et en laquelle Notre Sauveur même avait daigné naître pour nous sur la terre, je fis l'exhortation le moins mal que je pus et je terminai ainsi cette affaire où je prenais un si grand intérêt (1). »

(1) *Voyage d'Orient*, pp. 429-430.

CHAPITRE VII

De la profession à la prêtrise

(1635-1638)

CHAPITRE VII

DE LA PROFESSION A LA PRÊTRISE (1635-1638).

Les Anglais à Goa. — Audace hollandaise. — Pour débloquer. — Un religieux au gouvernail. — Le crucifix du P. Dominique. — Vertus d'un jeune profès. — Le Jésuite Mastrilli. — Une demande importune. — Qu'au moins il parte prêtre.

Si le Père Philippe avait espéré que sa promesse de tenir le nouveau profès à la disposition de l'Etat resterait lettre morte, il s'aperçut bientôt qu'il était dans l'erreur. Dès l'année suivante le vice-roi en réclama l'accomplissement.

Les embarras ne cessaient de croître. En vain la fierté portugaise s'était abaissée jusqu'à faire alliance avec la compagnie anglaise des Indes, bien modeste alors (1). Cette

(1) Cette compagnie avait été fondée en 1600. On sait

humiliation n'eut pas plus de succès que les autres mesures. Un peuple peut-il s'arrêter sur la pente des décadences? Malgré la foi invincible et quelque peu superstitieuse que les Portugais conservaient en l'avenir (1), rien ne parvenait à garantir leur puissance ni à restaurer leur prestige. L'audace des Hollandais ne connaissait plus de bornes. Non contents de menacer des postes lointains comme Malacca, d'arrêter en pleine mer et de couler les galions revenant de Chine, ils poussèrent en 1636 leurs incursions jusque dans le port de Goa. Bien facile à défendre pourtant, ce port, enfermé qu'il était entre des îles et la côte, à l'extrémité d'un chenal dont les sinuosités obligeaient l'assaillant à passer sous le feu de plusieurs châteaux-forts. Telle était la négligence que les ennemis purent pénétrer, brûler trois galions sous les murs de la ville et se retirer impunis. Puis

quelle fut sa haute fortune. Le comte de Linharès, quand, en 1634, il installait à Goa (non sans les combler de prévenances) quelques agents de la jeune association, ne se doutait guère qu'il ouvrait la porte aux futurs maîtres de l'Hindoustan.

(1) Un événement merveilleux, arrivé en 1636, avait été interprété comme un présage de prochain triomphe (Voir *Voyage d'Orient*, pp. 479-486).

ils se tinrent au large, dans l'intention d'installer un blocus. Goa privé de communications avec le reste des colonies et avec l'Europe, c'eût été la ruine de tout l'Etat : il fallait vite et vigoureusement agir. Le vice-roi réunit aussitôt les forces navales dont il pouvait disposer et se prépara à donner la chasse aux croiseurs. C'est pour conduire cette flotte que notre Bienheureux fut réclamé. Lui seul, avec son habileté reconnue, sa vaillance éprouvée, ses succès passés que n'avait ternis aucun revers, semblait désigné pour aider à la victoire.

Promis par ses supérieurs, le Frère ne pouvait qu'obéir. A ses yeux d'ailleurs un motif religieux colorait et rehaussait l'expédition. C'était une guerre sainte puisqu'on avait affaire à des hérétiques. La mort en de tels combats prend figure de martyre. Il y avait de quoi enflammer son courage en l'animant d'un grand espoir.

Le jour venu, il se rendit avec un compagnon à bord du vaisseau amiral et y reprit simplement, comme s'il l'eût quitté la veille, son poste d'autrefois. Nul ne songeait à s'étonner de voir ce religieux au gouvernail. La chose paraissait toute simple à des hommes profondément chrétiens. Puis sous la bure ils reconnaissaient leur ancien chef, le pilote aux talents duquel ils avaient dû tant de batailles heureuses et qui, cette fois encore, leur apportait avec les bénédictions d'en haut la promesse d'une entière réussite.

L'engagement dura trois jours. Il fut meurtrier. Notre Frère paya noblement de sa personne. Il ne pouvait, comme jadis, faire le coup de feu, escalader les bastingages, emporter des étendards. Mais on le vit, insoucieux du danger, se prodiguer au premier rang, sous le tir des Hollandais pour qui son manteau blanc était un merveilleux point de mire. Que lui importait ? Un crucifix en main « il animait avec une ferveur et une constance admirables tous les soldats à combattre valeureusement ». Nous le retrouverons bientôt sur un autre champ de bataille, usant de la même arme pour un plus grand triomphe. Cette fois, quand les hérétiques eurent été réduits à se retirer laissant libres les passages qu'ils avaient prétendu fermer, Denis de la Nativité reconduisit heureusement la flotte au port et, se dérobant aux applaudissements, rentra en sa première reretraite.

Qu'il nous soit permis de le rappeler en passant, le spectacle que nous venons d'admirer n'est point unique dans notre histoire. Seize ans auparavant les plaines de la Bohême voyaient un autre Carme déchaussé, l'illustre et vénérable Dominique de Jésus Marie, conduire contre les troupes protestantes l'armée des catholiques, Lui aussi pour toute arme n'avait qu'un crucifix. La croix est bien partout le signe et l'instrument de la victoire. Nous la saluons avec bonheur dans les mains des nôtres, qu'il s'agisse des luttes de l'âme ou des nécessités de l'Eglise et de l'Etat.

L'année qui suit le noviciat est employée, quand il le faut, à compléter les études littéraires. L'occupation du Frère était donc alors de s'initier à la langue latine ou, du moins, d'en approfondir les règles si, comme c'est probable, il avait déjà, étant pilote, fait connaissance avec le rudiment. Bientôt il fut en mesure d'aborder la philosophie. Le tout sous la direction éclairée et très spécialement compétente du Père Philippe de la Sainte-Trinité. Ce même religieux, dont à chaque pas nous rencontrons le témoignage, s'étend complaisamment sur les vertus que son cher Frère Denis pratiquait avec ardeur.

L'ancien marin avait compris et s'efforçait de réaliser ces graves conseils de l'*Instruction des jeunes profès* :

« Les frères profès doivent se persuader que tout ce qu'ils ont accompli pendant l'année d'épreuve doit être compté pour rien, et qu'à partir du jour de la profession il leur faut commencer une vie nouvelle et plus pure. En réalité, le noviciat est comme le stage que les orateurs ont coutume de faire avant de se produire par des discours importants. Les efforts de nos frères pendant l'année du noviciat ne sont que des préludes en comparaison des œuvres sérieuses, grandes et difficiles qu'exige l'état de profès. Ils doivent donc s'efforcer de perfectionner, maintenant qu'ils sont profès, ce qu'ils ont ébauché tandis qu'ils étaient novices.

« Ainsi, comme ils ont commencé à composer leur vie de prière et de mortification, ils doivent continuer de même et veiller à ne rien omettre de ce qu'ils ont pratiqué avec bonne intention et ferme résolution. En cela réside tout le nerf de la perfection monastique, car il est évident qu'une conduite vertueuse rend parfaits ceux qui sont fidèles à la suivre jusqu'à la fin de leur vie.

« Ils ne doivent pas se contenter d'être diligents observateurs de la vie commune et régulière, mais ils doivent aussi accomplir avec beaucoup de constance les œuvres de surérogation qu'ils avaient l'habitude de faire sous la direction du maître des novices. C'est, en effet, la première suggestion de l'Ange de Satan, de leur faire abandonner le surérogatoire, et bientôt, après les avoir vaincus dans ce premier combat, de les pousser à omettre l'observance nécessaire de leur état (1). »

Denis de la Nativité n'eut garde de donner dans ce piège. « Il observait si religieusement tous les actes de communauté qu'il ne s'en exemptait ni ne sortait jamais d'aucun s'il n'était légitimement occupé ailleurs par l'obéissance (2). » Or cette assiduité que réclament la lettre et l'esprit de la règle carmélitaine est, à elle seule, aux Indes une rude pénitence. « A cause des chaleurs

(1) *Instructions des frères déchaussés de l'Ordre de la bienheureuse Vierge Marie du Mont-Carmel*, traduites par le R. P. Jean-Aimé de la sainte Famille (couvent de Chèvremont, Belgique), pp. 105-106.

(2) *Voyage d'Orient*, pp. 451-452.

étranges qu'il fait, la sueur perpétuelle ou quantité d'autres incommodités forcent quelquefois les plus religieux observateurs de l'obéissance à se relâcher de cette rigueur (1). » Mais, comme le remarque le Père Philippe, son obéissance, à lui, fut extrême. « Elle ne parut pas seulement dans les exercices ordinaires de la vie religieuse, dans l'exacte observance de la règle et des constitutions, dans la prompte exécution des commandements des supérieurs, mais encore en ce qu'il se rendit obéissant jusqu'à la mort, exposant deux fois sa vie par obéissance en de très évidents périls (2). » La première fois, ce fut quand il assista au combat naval dans la baie de Goa ; la seconde, quand il partit pour Atchin : dans les deux cas, il obéissait.

Cette chère vertu d'obéissance, mère de la perfection monastique, ne va point sans l'humilité. Celle-ci brillait en lui d'un éclat admirable. Ses paroles, ses actions en étaient comme imprégnées ; jamais homme ne fut plus humble. Il s'avouait, sans feinte et de

(1) *Voyage d'Orient*, p. 452.
(2) *Id.* *id.* p. 451.

tout cœur, un très misérable pécheur et s'estimait le dernier de tous. Les jeunes religieux « qu'il savait être entrés encore innocents et sans malice », lui inspiraient une sainte envie. Enfin, malgré son âge et le commandement qu'il avait exercé, il recevait toujours non seulement avec respect, mais même avec plaisir et contentement, les corrections « que les supérieurs font tous les jours parmi nous à leurs religieux ». Cette humilité transpirait dans ses manières. « Quoi qu'il arrivât de bien ou de mal, quoi que les autres dissent ou fissent, dans toutes les occasions de mortification, dans tous les fréquents et divers changements des choses, il demeurait toujours le même, avec un visage égal et joyeux. Les autres, pour bons qu'ils fussent, se troublaient souvent de plusieurs incidents qui ont coutume d'arriver dans les communautés. Lui paraissait immuable (1). »

Mais quelle ardeur quand il s'agissait de la charité fraternelle ! Il ne laissait passer aucune occasion d'aider les religieux. Tant s'en faut : il recherchait diligemment toutes celles qui se pouvaient imaginer pour les

(1) *Voyage d'Orient*, p. 452.

servir tous. Envers les malades surtout, quand il avait l'office d'infirmier, sa prévenance devenait de la tendresse. « Il les récréait merveilleusement, avait un très grand soin de leur donner tout ce qui leur était nécessaire, nettoyait fort proprement leurs chambres, les ornait de quantité de fleurs; en un mot il les servait et les consolait comme une nourrice et une bonne mère (1). »

Docilité, modestie, douceur aimable, nous signalions, au début, ces traits dominants dans la physionomie du jeune Berthelot. La grâce, disions-nous, les perfectionnerait un jour. Où nous sommes parvenus cette œuvre est accomplie. Reste à en contempler le couronnement glorieux, non pas seulement dans quelques grâces particulières dont le Père Philippe nous dit, sans s'expliquer autrement, que le Frère était favorisé pendant l'oraison, mais surtout dans le martyre, terme de sa destinée et but de ses aspirations.

Le martyre! Combien de fois déjà ce mot s'est trouvé sous notre plume! Trop souvent? Oh! non pas. Il est l'expression de ce que

(1) *Voyage d'Orient*, p. 451.

peut trouver de meilleur, pour le donner à Dieu, notre amour. Mourir pour Jésus-Christ comme il est mort pour nous! le payer de sa passion en lui jetant tout le sang de nos veines! ce fut le rêve de tous les saints. Ce fut, nous ne saurions trop le redire, l'ambition des grands religieux que les Carmes déchaussés s'honorent d'avoir pour ancêtres et dont ils doivent, sous peine de déchoir, perpétuer l'esprit. Dans la pénitence, dans l'apostolat, dans l'étude elle-même, que voyaient-ils sinon le don d'eux-mêmes, leur vie dépensée, leur vie immolée, s'il le fallait, jusqu'à la mort violente, pour la cause de l'Eglise et de Dieu? Ecoutons l'un d'eux, le Père Jean de Jésus Marie, s'écrier au cours de son plaidoyer pour les Missions : « Plût à Dieu que tous nos collégiens, théologiens ou philosophes, tandis qu'ils sont aux études, n'eussent qu'une pensée, celle de répandre un jour pour le Christ leur doctrine avec leur sang (1)! »

Ces ardentes paroles retentissaient dans tous les séminaires de la Congrégation à

(1) « Utinam universi scholastici, interim dum studiis vacant, de doctrina cum sanguine pro Christo disseminanda cogitarent! » (Assertio missionum.)

l'époque où le Bienheureux y fut lui-même admis. Il les entendit et il les goûta. Dans plusieurs lettres qu'il écrivit en France à ses parents, déclare le Père Philippe, « il assure souvent qu'il espère en Notre-Seigneur de souffrir le martyre pour la gloire de son saint nom et la défense de la vraie foi (1). » N'avait-il pas eu sous les yeux, à Mombaza, les restes des héroïques confesseurs, des femmes chrétiennes qu'un chef renégat avait mis à mort? Plus récemment, il avait pu rencontrer, amené d'Europe par le vice-roi Pierre de Sylva, le jésuite Mastrilli « qui s'en allait au Japon avec un courage généreux et gai pour y endurer le martyre, ayant été assuré par révélation divine qu'il en recevrait la couronne (2) ». Tous ces exemples dans une telle âme, c'était de l'huile sur un brasier.

On commençait à lui faire gravir les degrés du sanctuaire et de l'autel. Sa vie exemplaire, ses progrès dans les sciences

(1) *Voyage d'Orient*, p. 453.

(2) Ce Père Mastrilli est célèbre. Etant très malade à Naples, il avait invoqué saint François Xavier. Celui-ci lui apparut, le guérit et lui prédit qu'il mourrait martyr. Ce fait se rattache à l'origine de la Neuvaine dite de la Grâce. — Le Père Mastrilli fut martyrisé au Japon en octobre 1637.

sacrées, dans la philosophie du moins (car, pour la théologie, il n'eut guère que le temps de l'aborder), avaient permis de l'admettre à la tonsure et aux ordres mineurs en août 1637. Le 27 janvier 1638, il avait été fait sous-diacre. Le 20 mars, il avait reçu le diaconat. C'est peu de temps après qu'une demande inattendue vint surprendre les supérieurs.

Il s'était produit, dans le royaume ou sultanat d'Atchin, un événement considérable. Le tyran cruel et jaloux, qui détenait depuis une vingtaine d'années le pouvoir, était mort ; et, comme il avait décimé sa famille, il était mort sans postérité. D'après les lois de cette féodalité barbare, il eut pour successeur l'un des chefs qui se partageaient, sous sa suzeraineté, le territoire de Sumatra. L'élu se trouva être un des rares indigènes que les Portugais comptaient pour amis. Aussi le gouvernement de Goa fut-il d'avis de n'omettre aucune flatterie pour conserver son alliance. Les Atchinois n'étaient point quantité négligeable. Aujourd'hui encore ils font échec, dans leur coin d'île, aux forces des Hollandais. Alors c'étaient les Hollandais qui se servaient d'eux pour saper la puissance portugaise. Nous avons vu, à l'occasion du siège de Malacca, quelle nombreuse flotte ils pouvaient mettre à la mer. Attacher cette fière peuplade à la cause du Portugal, c'eût été un succès de premier ordre et peut-être (qui sait?) le principe d'un complet relèvement. Le conseil du vice-roi décida en conséquence l'envoi d'un ambassadeur vers le nouveau sultan. Don François de Soza de Castro fut désigné pour cette légation.

Or ce « seigneur très noble et très illustre » s'en vint un jour au couvent des Carmes déchaussés et conjura le Prieur de lui accorder le Père Denis parce que « dans ce voyage il désirait s'en servir comme d'un très expert pilote et comme d'un interprète très savant dans la langue malaise ». Le Prieur, qui n'était plus le Père Philippe, se concerta avec celui-ci et tous deux essayèrent d'opposer un refus poli à ces prétentions « rudes et fâcheuses ». Mais don François alla trouver le vice-roi et revint avec cette réponse : « Qu'il était absolument nécessaire pour la gloire de Dieu et pour le service du roi que ce frère allât avec l'ambassadeur et qu'ainsi il le demandait au nom de Sa Majesté. » Nécessaire pour la gloire de Dieu ! le vice-roi par ces mots prophétisait sans le savoir. Les

Carmes, à qui les desseins providentiels étaient encore cachés, virent simplement dans cet ordre une exigence outrée du pouvoir civil, à laquelle pourtant ils ne se pouvaient soustraire. On se hâta donc de préparer notre bon Frère à la prêtrise. Il convenait, en effet, qu'il fût revêtu du sacerdoce pour faire en ce voyage œuvre d'apôtre et trouver, dans la célébration des saints mystères, la force dont il aurait besoin. C'était aussi le désir de l'ambassadeur : plein d'estime pour le saint religieux, il déclarait le choisir pour son confesseur, bien qu'il dût y avoir d'autres prêtres à bord.

Le 24 août, Denis de la Nativité reçut l'onction sacerdotale des mains de Mgr Alphonse Mendez, patriarche d'Ethiopie, de la Compagnie de Jésus. Il chanta solennellement sa première messe le 8 septembre, jour de la nativité de la sainte Vierge. En ce moment qu'aucun prêtre n'oublie, que se passa-t-il entre l'Agneau divin et son humble sacrificateur? Quel dommage de n'avoir pas une lettre, un mot, pour nous renseigner à cet égard! Non pas que nous imaginions, dans cette âme pondérée, ce qu'on appelle de la dévotion sensible. Sa piété devait être aussi grave que solide, aussi simple que profonde. Mais nous aimerions à entendre, tout au moins, un écho de sa reconnaissance pour les voies merveilleuses qui l'avaient conduit jusque-là. Il nous serait doux et salutaire de l'écouter s'offrant pour l'avenir à la volonté divine, confiant au cœur de son Maître l'espoir à peine avoué que faisaient naître en lui les périls bien connus de son prochain voyage.

Tout joyeux de courir ces périls, et de les courir en obéissant, le jeune mais vénérable Père se disposa donc au départ. Pour lui servir de compagnon, selon l'usage des ordres religieux, on avait désigné le portier du couvent, Frère Rédempt de la Croix.

CHAPITRE VIII

Le Bienheureux Rédempt de la Croix

CHAPITRE VIII

LE BIENHEUREUX RÉDEMPT DE LA CROIX

Les donnés. — Le pénitent de Sienne. — Sainte prodigalité. — Bure et couronne. — Un pieux soldat. — Pour l'amour de Marie. — La mission de Tattah. — Une belle image. — Voulez-vous des reliques ? — Complot manqué. — Les adieux. — En route.

Le moment est venu de présenter au lecteur le second de nos bienheureux martyrs. Son histoire, qui va se confondre à partir du présent chapitre avec celle du Père Denis, n'offre pour les temps antérieurs que des événements peu nombreux et bien simples. Ils suffisent, tels qu'ils sont, pour nous permettre d'esquisser légèrement cette attachante figure : c'est dans cette vue sans doute que la Providence les a conservés.

Rédempt de la Croix appartenait à la catégorie des frères convers, que nos Constitutions, dans leur style officiel, appellent *donatos* : les donnés. Beau nom en vérité, et qui indique bien les grandeurs de cet humble état. Ils sont donnés, en effet, donnés sans réserve à l'Ordre et à Dieu, dans leur temps, dans leur travail, dans leur être tout entier, donnés en un certain sens plus que les autres religieux, parce que Dieu rend pour ainsi dire à ceux-ci quelque chose en leur confiant un jour le périlleux honneur du sacerdoce, au lieu que de ceux-là, comme de son divin Fils lors de sa vie mortelle, il accepte tout le sacrifice et le leur laisse accomplir dans l'humilité et dans la soumission.

Cette distinction de deux classes parmi les religieux existait déjà au Mont-Carmel : elle se trouve clairement indiquée dans la règle de saint Albert. Les uns, dit cette règle, s'acquitteront au chœur de l'office canonial (et l'on voit, par l'expression, qu'il s'agit de ceux qui sont en mesure de se livrer au travail intellectuel) tandis que les autres réciteront un certain nombre de *Pater* et d'*Ave* distribués d'après les heures et compatibles avec les besognes domestiques. Quand l'Ordre se fut transporté en Europe, le contact avec les instituts occidentaux, qui tous avaient adopté des dispositions semblables, ne fit en conséquence que consacrer et préciser cette mesure. Mais en dehors d'une différence tout accidentelle, ainsi réclamée par la nature des choses et réglée en vue du bien commun, rien chez les Carmes déchaussés ne sépare les choristes des convers : réfectoire, récréations, privilèges, tout est commun ; et nous aimons à croire que la volonté de marquer combien cet esprit de famille lui agrée n'a pas été étrangère au choix que Dieu a fait d'un religieux prêtre et d'un frère *donné* pour les admettre ensemble au même martyre et les couronner d'une même gloire.

Déjà plusieurs convers s'étaient, en divers temps, distingués par leurs grandes vertus. Pour ne citer que deux exemples, le bienheureux Franc au XIIIe siècle et, plus récemment, au commencement du XVIIe, François de l'Enfant Jésus s'étaient montrés, le premier un héros de pénitence, le second un prodige de charité : chefs-d'œuvre tous les deux de la miséricorde divine.

Franc, de Grotto près Sienne, après avoir passé toute sa vie dans le vice, s'était miraculeusement converti à l'âge de soixante-dix ans ! La sainte Vierge daigna l'appeler elle-même à son Ordre du Carmel ; et, maintenant que son corps repose incorrompu à côté des terribles instruments de sa pénitence, le Saint-Siège a reconnu le culte immémorial dont les fidèles n'ont cessé de l'entourer. Quant à François de l'Enfant Jésus, paysan espagnol d'une simplicité extraordinaire, il était devenu, à force de dévouement, la providence des pauvres. Encore laïque, il les servait dans les hôpitaux, leur trouvait de l'argent, des vêtements, du travail. Il leur offrait des banquets annuels. Une statuette de l'Enfant Jésus, dont il ne se séparait jamais, était l'instrument de maintes charitables merveilles. Après son entrée en religion, il fut le conseiller spirituel du roi Philippe III et de la reine sa femme. Telle était sa réputation de sainteté que l'un des premiers chapitres de la Congrégation d'Espagne (1) décida de rassembler sans retard les documents pour un procès canonique et ne

(1) Rappelons qu'on entendait par *Congrégation d'Espagne* l'ensemble des religieux vivant dans les domaines du roi catholique. Tout le reste formait la *Congrégation d'Italie*. Chacune avait son gouvernement particulier.

craignit pas de placer sa cause immédiatement après celle de sainte Thérèse qui s'instruisait alors. Cependant elle n'a point abouti jusqu'à ce jour et le convers espagnol, auréolé de prodiges, voit monter avant lui sur les autels son humble frère, qui n'en a point fait d'autre que de donner sa vie pour Jésus-Christ.

Thomas Rodriguez da Cunha naquit au village de Paredès, dans le diocèse de Braga, en Portugal. Les documents ne disent pas au juste en quelle année. Ce fut vers 1598 puisqu'il fut martyrisé à quarante ans environ (1). Il était donc un peu plus âgé que le Père Denis. Celui-ci avait été marin; lui fut soldat. Il passa en cette qualité aux Indes et fit partie de la garde de Rodrigue Diaz de Zampajo, gouverneur de Méliapour. Il était parvenu, de grade en grade, jusqu'au commandement de cette troupe d'élite lorsqu'il échangea les armes séculières contre l'armure spirituelle et les exercices des camps contre la lutte avec les ennemis du salut.

Elevé par de pieux parents dans la crainte de Dieu, il n'avait jamais délaissé ses de-

(1) *Voyage d'Orient*, p. 460.

voirs. Fréquemment il s'approchait des sacrements de pénitence et d'eucharistie. On le voyait éviter avec soin les vices ordinaires aux gens de son état : il ne se mêlait à aucun jeu, aucune dispute ; il avait en horreur l'oisiveté. Avec cela, bon et affable, d'humeur très gaie. Ses camarades l'aimaient et recevaient en bonne part, venant de lui, les pieux conseils dont il était prodigue. Il exhortait surtout à la concorde et à la charité. Sa dévotion à la sainte Vierge était remarquable : chaque jour quelque prière en son honneur, le jeûne la veille de ses fêtes, c'étaient là des pratiques auxquelles il n'aurait pas voulu manquer. Lui demander quelque chose au nom de Marie, c'était l'obtenir à coup sûr. On dit que ses compagnons le savaient trop bien et qu'ils en abusaient pour se faire donner par lui les objets auxquels il tenait le plus.

L'honneur rendu à la Mère de Dieu ne reste jamais stérile. La récompense fut, pour le pieux capitaine, la vocation au Carmel. Il entra au couvent de Goa, sans doute dès les premières années de la fondation ; c'est là qu'il accomplit, du moins en partie, les trois ans d'épreuve que les frères convers subissent, sous l'habit de tertiaires, avant d'être admis au noviciat. Mais ses vœux furent prononcés à Tattah où on l'avait envoyé pour servir les missionnaires.

Le port de Tattah, aux bouches de l'Indus, appartenait au Grand Mogol, c'est-à-dire au chef de la dynastie musulmane qui étendait alors son empire sur d'immenses contrées au centre de l'Asie. Le Père Louis-François, venu de Perse avec quelques marchands, s'y était établi en 1613 et il y avait opéré des merveilles. Sa mort, arrivée en 1621, est racontée en ces termes par Philippe de la sainte Trinité : « Etant tombé malade et réduit par la violence de la maladie à la dernière période de sa vie, il se fit porter à l'église pour baptiser deux catéchumènes avant de mourir. Après quoi, ayant récité les litanies de la sainte Vierge, il parvint à l'agonie et mourut le même jour comblé de consolation. Les Portugais qui s'y trouvèrent présents pleurent encore son absence et, après tant d'années, la mémoire de ce saint homme ne laisse pas d'y être encore en bénédiction (1). » Des persécutions

(1) *Voyage d'Orient*, p. 458.

vinrent consacrer la mission que tant de vertus avaient ornée. Elles coïncidèrent avec la présence de notre Frère qui put ainsi savourer un avant-goût de ce qui l'attendait plus tard.

On l'avait appelé Rédempt (c'est-à-dire : racheté) de la Croix. Il eut à cœur de justifier son nom en cherchant dans la mortification le rachat de ses fautes et l'acquisition de la sainteté. On nous le représente « le corps petit et grêle », le visage « grandement défait et maigre à cause des jeûnes ». Sa pénitence d'ailleurs, qui s'accompagnait d'une prière continuelle, n'avait rien d'austère ni de rebutant : il était, comme au temps de son service militaire « d'une humeur douce, gracieuse et aimable à tous ceux qui conversaient avec lui ; ses discours étaient remplis de pointes et de mille plaisantes rencontres ; il avait l'esprit vif, prompt et subtil, mais néanmoins prudent, judicieux et constant (1) ». Si nous ajoutons à ces qualités son obéissance qui fut toujours entière, son amour du travail qui l'avait fait surnommer l'implacable ennemi du repos,

(1) *Voyage d'Orient*, p. 460.

nous ne serons pas étonnés de voir les supérieurs se l'arracher les uns aux autres. Il passa ainsi de Tattah à Diu, de Diu à Goa. Le Père Philippe de la Sainte-Trinité le trouva, paraît-il (1), dans cette dernière résidence lorsqu'il y arriva lui-même en 1631. Il y remplit tour à tour, et peut-être simultanément, l'office de sacristain et celui de portier.

Ces deux fonctions, délicates autant que modestes, fournissent, la dernière surtout, des occasions nombreuses de communiquer avec les séculiers. Le Frère Rédempt ne manquait pas de s'en servir pour les porter au bien. Il le faisait avec tant de tact et de mesure que l'on aimait jusqu'à ses réprimandes. Ce qu'il recommandait avant tout, c'était le culte de la sainte Vierge : il ne tarissait pas sur ce chapitre. On lui confia le soin de faire le catéchisme aux pauvres qui se présentaient pour recevoir l'aumône. Ce fut grande joie pour lui, surtout parce que bon nombre de ces braves gens étaient des

(1) Nous ne nous souvenons pas d'avoir rencontré ce détail dans le P. Philippe. Il nous est fourni par la *Vita dei beati Martiri*, p. 164.

idolâtres dont le salut lui tenait fort à cœur. Entre tous les religieux son affection allait de préférence (il ne s'en cachait pas) à ceux qui travaillaient pour la conversion des païens. Et si l'on demandait pourquoi : « C'est, répondait-il, qu'ils augmentent le nombre des croyants et qu'ils ont l'espoir de mourir pour la foi. » Lui aussi brûlait de désir du martyre.

Avait-il un pressentiment que cette heureuse chance allait bientôt lui échoir? Certaines paroles dont on a conservé le souvenir sembleraient l'indiquer. Souvent on venait l'importuner pour avoir des images : il paraît que c'est même chose en tous climats. Là-bas elles s'appelaient des *véroniques*.

— Frère, donnez-moi une véronique, criaient les enfants.

— Une véronique! Tenez en voici une belle.

Et, ce disant, il montrait son visage. « Qui sait, ajoutait-il, on le vénérera peut-être un jour. »

Ou bien c'étaient des reliques qu'on réclamait avec instances. Gravement, le Frère prenait un morceau de quelque vieil habit et le passait au solliciteur. On se récriait. Mais lui de dire : « Hé ! la plaisanterie pourrait devenir sérieuse. »

Quand le Père Martin de la Croix, supérieur du couvent en cette année 1638, l'eut désigné comme compagnon du Père Denis, il n'y eut qu'une voix dans la maison et au dehors : tout le monde blâmait cette mesure. Comment ! une santé si frêle ! Mais le mal de mer allait suffire pour le réduire à néant ! Et pourtant c'était Dieu, comme toujours, qui s'était prononcé par la bouche de l'autorité. Mais on ne s'en avisait pas et il n'y eut chose qu'on ne tentât pour empêcher ce départ. Une bonne âme alla jusqu'à glisser dans le manger du frère une substance destinée à le rendre malade au moment de l'embarquement, ce qui eût obligé de le laisser à terre. Cette manœuvre de la dernière heure ne produisit qu'une indisposition passagère dont la cause fut vite connue, car l'auteur d'une si belle œuvre n'avait eu garde de tenir son secret. « Allons, dit le Frère Rédempt quand, remis sur pieds, il eut appris l'histoire, allons, Dieu me veut martyr ! »

Lorsqu'arriva cette plaisante aventure,

nos voyageurs avaient dû déjà se rendre au port, assez distant de la ville, pour y attendre dans une hôtellerie l'arrivée de l'ambassadeur et le vent propice au départ. C'est donc quelques jours auparavant qu'il faut placer leurs touchants adieux à la communauté de Goa.

« Avant qu'ils partissent du couvent, raconte le Père Philippe de la Sainte-Trinité témoin oculaire, nous les embrassâmes comme c'est la coutume des religieux, mais avec des sentiments d'affection très tendres et très pénétrants. Ils recommandaient leur voyage à nos oraisons; en retour, nous demandions leur intercession s'il arrivait qu'ils fussent martyrisés. Après nous l'avoir promise avec un visage gai et souriant, ils se séparèrent de nous (1). »

Certes il est des cérémonies de départ plus grandioses. Mais quelle noble simplicité dans ces lignes! quelle sérénité dans ces âmes! N'y a-t-il pas là quelque chose qui rappelle saint Paul s'embarquant à Milet (2)?

Le mot de la fin, s'il est permis de parler ainsi, fut dit par le Frère Rédempt. On était

(1) *Voyage d'Orient*, p. 500.
(2) Act. XX, 17-38.

déjà à une certaine distance; il se retourna et, rappelant les religieux qui se retiraient :

— Si je suis saint, leur cria-t-il, ayez bien soin de me peindre pieds nus, l'habit relevé au-dessus des sandales; qu'on voie que je suis un Carme déchaussé!

CHAPITRE IX

Le Combat

CHAPITRE IX

LE COMBAT

Une paroisse flottante. — Encore les Hollandais. — Trahis ! — Un logement peu commode. — Souffrance et charité. — Le F. Rédempt aux champs. — Sentence de mort. — Dix pour un ! — Les éléphants. — Fureur d'un renégat. — Triomphe !

L'ambassadeur partit du port de Goa le 25 septembre 1638. Il emmenait avec lui, pour faire bonne figure à la cour du sultan, une suite nombreuse. Trois « galères subtiles », dont la troisième (il est vrai) était destinée à ravitailler Malacca, suffisaient tout juste à transporter tout ce monde.

Ces galères étaient des bâtiments légers, construits pour la course rapide. Chacune réclamait soixante-quinze rameurs : ce qui, avec le reste de l'équipage et les passagers, fournit, pour les deux seulement qui devaient

9*

toucher à Atchin, un personnel considérable. On comprend dès lors comment, les Orientaux étant mis de côté, il resta encore aux Atchinois plus de soixante chrétiens prisonniers.

Outre l'ambassadeur et son neveu, Louis de Soza, il faut compter parmi les passagers une brillante escorte de jeunes pages, puis cinq prêtres ou religieux, c'est-à-dire : le Père Denis et le Frère Rédempt ; deux Franciscains récollets et un prêtre indigène duquel on a soin de nous dire que « sous sa peau noire il cachait une belle âme ». Il y avait aussi une dame avec des enfants.

Les occasions de zèle ne manquèrent pas sans doute dans cette paroisse flottante. De nos jours encore il s'en présente aux missionnaires parmi la société mêlée des paquebots. Que ne pouvait donc, au milieu de ces hommes tout imprégnés d'habitudes chrétiennes, un cœur d'apôtre servi par une politesse douce et un tact parfait ? Le caractère de nos bienheureux était de nature à leur concilier la jeunesse du bord : que de mots spirituels durent tomber des lèvres du Frère Rédempt ! que de conseils distribués avec une autorité souriante ! Tous deux, nous dit-on, « ne cessaient d'exhorter leurs compagnons à l'amour et à la pratique de la vertu (1) ». Quant au Père Denis, son intimité avec l'ambassadeur l'avait mis tout de suite en vedette : les autres prêtres, plus âgés que lui peut-être et à coup sûr ses aînés dans le sacerdoce, lui reconnaissaient eux-mêmes la prééminence. Il la méritait bien. « Toujours, durant ce voyage, il se donna à connaître comme un religieux de vertu et de bon exemple, faisant beaucoup de pénitences et de mortifications. »

Comme pilote, il eut à lutter contre les éléments. Son habileté permit à la petite escadre de sortir saine et sauve de plusieurs « tempêtes effroyables ». Le 25 octobre, après un mois de traversée, on arriva aux îles des Exilés qui sont situées à deux lieues environ de la côte de Sumatra, au large d'Atchin. Déjà la galère destinée à Malacca s'était séparée des autres. Celles-ci se trouvèrent brusquement en présence de deux vaisseaux hollandais qui leur barraient la route du

(1) Ce témoignage, ainsi que le suivant, est extrait de l'interrogatoire d'un de ceux qui furent compagnons de nos bienheureux durant cette traversée de Goa à Atchin.

port. Bien que la partie ne fût pas égale, François de Soza n'hésita point à engager l'action avec ce qu'il avait de soldats. Plusieurs des siens furent tués ; lui-même reçut une grave blessure. Mais l'issue du combat fut à l'avantage des Portugais qui vinrent jeter l'ancre en vue du port d'Atchin.

L'intervention des Hollandais ne s'était pas bornée à cette tentative d'arrêter à force ouverte l'ambassade goanaise. Ils avaient eu recours à la ruse, et à la ruse perfide.

De fait, il importait souverainement à la Compagnie des Indes d'empêcher le relèvement du Portugal et de ses colonies. N'était-elle pas l'héritière directe de son influence ? Chaque lambeau, arraché par la mauvaise fortune à la domination des vice-rois, ne venait-il pas, comme de lui-même, se coudre à son jeune empire ? On conçoit donc que, dénués de scrupules comme ils l'étaient, la haine religieuse aussi les poussant, les agents calvinistes de la Compagnie aient cherché à indisposer le nouveau sultan d'Atchin contre ceux qui s'humiliaient jusqu'à briguer son alliance. Pratiquant largement l'espionnage (1),

(1) Philippe de la Sainte-Trinité en donne plusieurs exemples.

ils connaissaient la composition de l'escadre avant même qu'elle eût quitté Goa; la présence à bord de plusieurs religieux leur fournit des arguments. Il s'agissait bien, dirent-ils au prince, de le féliciter pour sa récente élection et de rechercher son amitié! Est-ce que tous ces missionnaires étaient là uniquement pour escorter l'ambassadeur? Parmi eux se trouvait l'ennemi juré du royaume d'Atchin, l'ancien pilote-major Berthelot. Evidemment on entreprenait, sous couleur de légation pacifique, une double conquête de l'île, au profit du catholicisme d'abord et ensuite au profit du Portugal. Le sultan n'avait qu'à voir l'exemple de Malacca.

Ces suggestions habiles produisirent tout leur effet. Le despote oublia ses attaches avec le gouvernement de Goa pour ne plus voir que son trône menacé. Il ne voulait ni perdre le pouvoir ni laisser détruire l'islamisme, fortement mélangé de pratiques païennes, qui constituait le culte des Atchinois. En présence du prétendu complot des catholiques, sa résolution fut vite prise. Il décida de traiter les Européens membres de l'ambassade comme des prisonniers de guerre et de les obliger, comme tels, à choisir entre l'apostasie ou la mort. Le fanatisme musulman et la perfidie hérétique tressaient ensemble les couronnes de nos martyrs.

Tandis que, sans défiance, les Portugais se disposaient à prendre terre, un envoyé du roi vint à leur rencontre. Il s'informa d'abord qui ils étaient, d'où ils venaient, comme si tout cela n'était pas su d'avance. Puis, ayant assuré l'ambassadeur que « son Maître se tiendrait extrêmement honoré qu'on lui eût envoyé une personne de son mérite », il se retira.

Le lendemain, retour du messager. Mêmes compliments, mêmes belles apparences. Le roi, cette fois, suppliait l'ambassadeur d'entrer dans le port « où lui-même l'attendait en la compagnie de tous les princes et seigneurs de sa cour ». Toutes ces « feintes civilités » ne cachèrent que trop bien à François de Soza la trahison qui se préparait. « Il se fia fort innocemment sur la parole d'un roi et sur la foi que toutes les nations du monde gardent inviolablement aux ambassadeurs. » S'étant engagé avec ses deux galères dans la rivière qu'il faut remonter l'espace d'une lieue (1), il arriva devant Atchin.

Cette ville, où nous avons vu mourir en 1621 le capitaine de l'*Espérance*, n'était en somme qu'un assemblage de deux ou trois mille cases alignées au centre d'une large vallée. Construites en bambou et couvertes en feuilles de cocotier, ces frêles demeures étaient élevées de deux ou trois mètres au-dessus du sol, au moyen de pilotis, à cause des inondations périodiques. Chacune se trouvait au centre d'un carré que fermait une haie très épaisse. L'aspect de l'ensemble dut rappeler au P. Denis certains grands villages de Normandie (2).

Mais l'heure n'était point aux souvenirs. A peine le débarquement de ceux que nous pouvons appeler déjà des victimes fut-il

(1) Le P. Philippe dit *cinq* lieues. Nous suivons plutôt Beaulieu dont la description est détaillée et très précise.

(2) C'est Beaulieu qui nous apprend cette ressemblance. Le même décrit le château du roi : une demi-lieue de circuit — forme quasi-ovale — à l'entour, un fossé profond de 25 à 30 pieds. — Dans cette enceinte, la garde est faite par des femmes (3000, qui ne sortent jamais). Il y a encore 500 eunuques, 1 500 esclaves, les plus mauvais garnements du pays. — Beaulieu y fut témoin de scènes d'une cruauté atroce.

effectué que chacun des Portugais se vit charger de fers. L'ordre du sultan était de s'emparer d'eux seuls. En conséquence on voulut laisser en liberté le prêtre indou qui se trouvait sur la galère. Mais lui, brûlant de partager la gloire des confesseurs, se déclara Portugais ; il voulait dire : *de croyance et de cœur*, remarquent les auteurs pour l'excuser de mensonge. Il obtint ainsi d'être enchaîné comme les autres.

Ces premières violences étaient déjà un rude supplice : on leur avait lié les mains derrière le dos ; mais de façon à rapprocher tellement les coudes qu'il en résultait une dislocation presque complète des épaules. Ils restèrent ainsi jusqu'à ce que le tyran eût statué sur leur sort : ce qui d'ailleurs ne tarda guère. L'ambassadeur fut mis à part. On distribua le reste entre les principaux de la ville qui eurent mission de tout tenter pour les faire renoncer à Jésus-Christ. Le P. Denis et le F. Rédempt furent entraînés, chacun de son côté. Ils avaient eu le temps, sans doute, d'encourager et d'exhorter leurs compagnons à bien souffrir. Notre bienheureux Denis, avec sa présence d'esprit, son sang-froid et son zèle, dut commencer dès lors l'apostolat fructueux que nous allons le voir exercer sans relâche durant toute la captivité.

Il eut pour prison une sorte de logette, au-dessous d'une des cases que nous avons décrites plus haut. Imaginons ce qu'il dut souffrir, exposé aux intempéries de l'air sur un sol humide, condamné à voir et à entendre, dans ces demeures ouvertes, mille horreurs et mille turpitudes. Au-dessus de lui, le plancher de la case n'était formé que de lattes à claire-voie. Ceux d'en haut pouvaient donc à toute heure le voir, l'injurier et lui faire subir des traitements indignes. Voici ce qu'en raconte Philippe de la Sainte-Trinité ; encore devrons-nous voiler certains détails : « Cette tête sacrée, qui aurait dû être pour ces malheureux un objet de vénération, servait de cible à toutes leurs moqueries et à toutes leurs indignités. Ils ne lavaient jamais leurs mains sacrilèges qu'ils ne lui jetassent dessus l'eau qu'ils avaient salie. Son visage saint et auguste était incessamment dégouttant de leurs crachats... Tout ce qu'il y avait d'immondices et de vilenies dans cette maison, digne de toutes les malédictions des hommes et des foudres de Dieu, était réservé pour l'en couvrir. Et ce qui surpasse tout ce qu'il y a jamais eu d'horrible au monde, ce qui souille même le papier en l'écrivant, l'homme ne produit point de si abominables excréments qu'ils ne mêlassent parmi ses viandes (1). »

Le Père souffrait tout en patience. « Tous ces coups dont le moindre serait assez fort pour abattre la plus haute vertu ne le furent pas assez pour ébranler légèrement la sienne. »

« Voyant que les injures ne pouvaient rien sur cette âme incomparable, ils s'avisèrent de se servir de caresses et d'employer toute leur finesse où toute leur force avait échoué. Ils lui firent donc toutes les promesses et toutes les offres imaginables : au lieu de cette place puante et infecte, il aurait des palais superbement meublés ; au lieu de la vermine qui l'affligeait, il serait accompagné d'un grand nombre de courtisans qui lui rendraient à l'envi tous les honneurs et tous les respects qu'on peut souhaiter. Enfin ils lui protestèrent que, s'il voulait embrasser la loi de Mahomet, ils lui donneraient une épouse très belle, très riche, et feraient de lui le plus heureux de tous les hommes (2). »

(1) *Voyage d'Orient*, p. 504.
(2) *Id.* *id.* 505.

Le silence ne suffisait plus contre ces nouvelles et impudentes manœuvres. Le zèle s'alluma dans l'âme du saint confesseur ; il profita de ses connaissances en langue malaise pour prêcher avec force les vérités du salut et devenir l'apôtre de ses bourreaux.

« Il répondait à ces criminelles sollicitations avec une sainte indignation, mais toujours avec une égalité de visage qui montrait clairement celle de son esprit. Il disait hardiment qu'il prodiguerait mille fois son sang et sa vie plutôt que d'abandonner la douce loi d'un Dieu qui avait pour lui libéralement prodigué l'un et l'autre ; qu'ils lui fissent toutes les injures et tous les outrages qui leur viendraient en la pensée, mais qu'ils fussent assurés que rien au monde ne serait jamais capable de lui faire commettre une faiblesse ;... que la qualité de chrétien et celle de religieux lui faisaient également mépriser leurs plus cruels tourments et leurs plus chères délices (1). »

Ceux qui l'entendaient parler ainsi ne se convertissaient pas, mais ils ne pouvaient se défendre d'admiration pour leur noble vic-

(1) *Voyage d'Orient*, p. 505-506.

time. On en vint à lui laisser une liberté relative. Les Atchinois avaient coutume, comme plusieurs peuples sauvages, de permettre aux prisonniers de circuler par la ville ; ils se bornaient à leur mettre aux pieds des fers. Ceux que porta notre Père Denis étaient « très rudes et très fâcheux quoiqu'ils fussent fort petits. Les anneaux n'en étaient pas ronds, comme c'est l'ordinaire, mais carrés, et d'ailleurs si étroits et si peu distants l'un de l'autre que non seulement ils ne lui permettaient pas de faire un seul pas qui fût juste ni d'avancer librement un pied devant l'autre, mais encore ils lui découpaient si cruellement la chair qu'il était toujours tout ensanglanté (1) ».

Réduit à ne marcher qu'au prix d'une souffrance continuelle, le serviteur de Dieu n'hésita pas cependant à mettre à profit le peu de latitude qu'on lui laissait pour se livrer, envers les autres captifs, « à toutes les œuvres de charité et de piété ». Bientôt les indigènes le connurent sous le nom de *Père des Portugais*. De vrai, jamais titre ne fut mieux mérité car jamais pasteur ne prit plus

(1) *Voyage d'Orient*, p. 506.

de souci des nécessités spirituelles et temporelles de son troupeau.

Parmi les Européens réduits en captivité, il s'en était trouvé d'assez faibles pour avoir cédé à la crainte des supplices ou à l'attrait des séductions. Ces pauvres renégats, le P. Denis ne les abandonna pas. Eux-mêmes venaient à lui, gagnés par sa bonté autant que poussés par le remords. « Allons, leur disait-il, du courage ! Relevez-vous : il en est temps encore. Ne craignez point : si nous mourons ensemble, Dieu agréera votre repentir ; si nous vivons, je vous promets d'intercéder pour vous à Goa près du tribunal de l'Inquisition. » Il eut ainsi le bonheur de redresser plusieurs tombés, de raffermir les chancelants et de les préparer tous à une belle et sainte mort.

Mais si son attention se portait surtout du côté des besoins de l'âme ; si, dans ses visites à ses compagnons esclaves, infirmes, affligés, il mettait avant tout ses soins à les confesser, à les animer avec des paroles qui portaient le feu dans les cœurs, il n'oubliait pas non plus les nécessités du corps. La charité, qui fut un des traits les plus accentués de sa physionomie religieuse, brilla en lui jusqu'au dernier soupir.

Voyant qu'ils étaient extrêmement tourmentés de faim, de soif et d'une infinité d'autres incommodités, il allait demander pour eux l'aumône ; tout ce qu'il recueillait ainsi, il l'employait à leur soulagement. L'ambassadeur, qui ne l'oubliait point et qui se trouvait un peu moins mal traité que les autres, lui envoyait parfois des vivres en cachette : le Père allait vite distribuer le tout, ne s'en réservant pas la moindre parcelle. Même il prenait sur sa misérable nourriture pour augmenter la pitance des autres.

L'un des deux Franciscains était captif dans les environs du lieu où le P. Denis l'était lui-même. Celui-ci l'avait en quelque sorte adopté. C'était un homme de santé chétive, ayant des infirmités ; on imagine combien il devait souffrir. Aussi le Père Denis venait-il tous les jours le servir, lui rendant les offices les plus bas, « avec une satisfaction entière du malade et avec une affection plus tendre que celle d'une bonne mère pour un de ses plus chers enfants (1) ».

Puis le soir, quand ses pauvres pieds d'où s'échappait un ruisseau de sang l'avaient pé-

(1) *Voyage d'Orient*, p. 307.

niblement porté jusqu'au cloaque, sa triste demeure, il se reposait dans la prière, soucieux d'être Carme jusqu'au bout, c'est-à-dire homme d'oraison jusque dans l'apostolat, jusque dans le martyre.

Tandis que son compagnon prêtre se livrait à un si héroïque ministère, que devenait le F. Rédempt ?

Le maître, à qui on l'avait donné pour esclave, était des plus inhumains. Après lui avoir rasé, par dérision, cheveux, barbe et sourcils, il l'employa à la garde des troupeaux. Besogne difficile dans ces campagnes marécageuses, coupées de rizières confinant à des bois de cocotiers. Il fallait y mener paître des buffles demi-sauvages et au besoin leur chercher à grand'peine de la nourriture. Pour lui, après un nombre incroyable d'affronts et d'injures, il ne recevait même pas de quoi soutenir son faible corps. Bientôt il fut réduit à toute extrémité.

Une fois qu'il était resté trois jours sans rien avoir à manger, il s'enfuit et se cacha dans un bois voisin. On ne tarda pas à l'y découvrir et, comme on affectait de voir dans cette conduite un signe de défaillance, il fut amené en grand tumulte devant le tribunal du roi. Dans son corps exténué vivait toujours une âme héroïque. Sollicité d'abjurer la foi chrétienne pour recouvrer la liberté, il répondit gaîment : « Vrai, vous êtes des gens simples de croire que toutes vos balivernes me gagneront à la religion de Mahomet ; mais je ne suis venu ici que pour vous montrer qu'elle est fausse et pour vous faire connaître la seule véritable, qui est celle de Notre-Seigneur Jésus-Christ ! » Et comme on l'assourdissait de promesses, lui répétant sans relâche qu'au prix d'une apostasie on le comblerait de richesses, d'honneurs, de plaisirs : « Assez ! leur cria-t-il. Je ne veux que Jésus-Christ et sa sainte foi. Pour la conserver, je suis prêt (s'il le faut) à me laisser arracher mille fois l'âme du corps. Ainsi ne vous attendez pas à me voir consentir au crime abominable que vous osez me suggérer. »

Cependant le dénouement approchait. Un matin, le Père Denis avait dit à l'esclave qui lui apportait sa chétive ration : « Ma sœur, remerciez votre maîtresse de la peine qu'elle a prise de pourvoir à ma subsistance. Cela ne durera plus que trois jours. » Il y en avait alors environ trente que les généreux confesseurs subissaient leur lent et douloureux martyre.

Le 28 ou le 29 novembre (impossible de préciser davantage) une soixantaine de chrétiens furent tirés des divers endroits où ils étaient captifs. Leurs visages étaient si défaits par suite des mauvais traitements que l'ambassadeur, les voyant passer, eut peine à les reconnaître. On l'avait réservé, lui et quelques serviteurs, tant par un reste de crainte que peut-être dans l'espoir d'une bonne rançon. Il lui fallut donc, malgré le désir qu'il avait de verser son sang pour la foi, se contenter de saluer les glorieuses victimes marchant vers le lieu de leur sacrifice.

Une innombrable multitude s'était rassemblée pour assister à cette pompe barbare. Chacun des chrétiens était accompagné de dix bourreaux et d'une sorte de prêtre mahométan, lequel ne cessait « de prêcher son infâme secte à celui des serviteurs de Dieu dont il avait le soin ». Le bon frère Rédempt donnait au sien une rude besogne. Tout épuisé, il entendait cependant ne pas laisser le dernier mot à son étrange convertisseur. Chaque blasphème provoquait de sa part un acte de foi. « Il protestait hautement que notre religion est seule vraie ; il abominait toutes les superstitions de l'imposteur Mahomet ; il avait sans cesse à la bouche les noms sacrés de Jésus et de Marie. »

On s'arrêta au bord de la mer, à une certaine distance de la ville. L'édit suivant fut solennellement publié : « Entendez tous l'ordre que proclame Sa Hautesse, le tout puissant roi d'Atchin. Que tous les Portugais, qui sont venus avec l'ambassadeur de Goa, renoncent aussitôt à la foi chrétienne. Qu'ils se rallient à Mahomet le grand prophète. C'est la loi de ce royaume. Ceux qui obéiront, le roi les comblera de bienfaits. Pour les autres, qu'ils meurent ! » Puis, sur l'ordre des chefs, notre Père Denis traduisit cette sentence en langue portugaise.

Un seul cri lui répondit : « Nous voulons tous mourir. » Et, à genoux, les chrétiens faisaient signe aux bourreaux, passant la main sur leur cou en un geste expressif pour que, à défaut de paroles, nul ne pût se méprendre sur leur volonté. Quelle scène !

D'abord agenouillé comme les autres, le Père Denis s'était levé. Il avait pris en main le crucifix que les Carmes déchaussés portent sur la poitrine et de sa bouche s'échappaient d'ardentes exhortations. Allant de l'un à l'autre, il donnait le Christ à baiser à son cher frère Rédempt et à tous ceux qu'il pouvait atteindre. Désireux d'accomplir jusqu'au bout la mission que visiblement lui confiait la Providence, il avait demandé la faveur d'être exécuté le dernier « non pour crainte ou faiblesse, mais pour assister au trépas de tous les autres, et afin que le diable, ce loup ravissant, ne fît sa proie de quelques-uns de ces agneaux qu'on allait immoler pour la vérité ». Il dut être content, le vaillant capitaine, car pas un ne faillit et l'on n'entendit, déclarent les témoins, sur le champ du carnage que des actes de foi, d'amour et de contrition.

Au signal donné, chaque troupe de bourreaux (dix assassins pour un martyr !) s'empara de sa victime. Chacun passait par trois supplices : d'abord une grêle de flèches ; puis des coups de lance ; enfin les poignards et ces effroyables *Kriss* ondulés, qui sont l'arme nationale des Malais, achevaient de cribler de blessures ces pauvres corps. Le frère Rédempt succomba le premier, donnant à son vénéré compagnon rendez-vous dans la gloire du ciel. Les autres furent immolés tour à tour. Les derniers sons qui frappaient leurs oreilles, c'étaient ceux de la voix de notre Père Denis, les encourageant à bien mourir. Leur suprême regard rencontrait le crucifix que, trop faible pour l'élever des deux mains, il avait suspendu à son cou « par quelque brin de corde ». Dans son zèle, notre bienheureux passait d'une langue à l'autre, louant Dieu en malais comme en portugais, prèchant aux bourreaux comme aux victimes. « Il se trouvait, dit le P. Philippe, partout où la nécessité l'appelait, animait les faibles, raffermissait les chancelants, relevait les abattus, courait au secours de tous, les confessait, les absolvait... Il fut martyr en tous ces martyrs (1). » Ayant envoyé au ciel ses compagnons pour y recevoir la couronne, on peut dire que, par la tendre compassion qu'il eut de leurs maux, il souffrit autant de fois qu'il y eut de chrétiens immolés.

Le voici maintenant tout seul. A l'infatigable activité de l'apôtre succède aussitôt la calme attitude du contemplatif qui attend la

(1) *Voyage d'Orient*, p. 513.

mort dans le baiser du Seigneur. Cet homme à genoux, multipliant les actes de foi et d'amour de Dieu, s'offrant avec des actions de grâce, comme jadis dans la tranquillité de l'oratoire, c'est la victime : frappez, bourreaux ; qu'attendez-vous donc ? « Je ne sais si ce fut par vertu divine ou pour la révérence que ce grand homme inspirait à ces âmes farouches... Quoi qu'il en soit, il est très certain qu'il ne fut jamais en leur puissance ni de le frapper ni même de le toucher (1). »

Pour en finir on proposa d'aller chercher les éléphants dont on se sert parfois dans ces pays pour faire périr les criminels (2). Mais, tandis que déjà un murmure de curiosité courait dans la foule à cette nouvelle, un misérable renégat se sentit le triste courage que les Musulmans de naissance n'avaient pas. Il

(1) *Voyage d'Orient*, p. 514.

(2) « Le martyre que l'on fait endurer par le moyen des éléphants est très cruel, suivant le rapport d'un page de l'ambassadeur qui fut sur le point d'être martyrisé de la sorte. Ils étendent premièrement le patient par terre puis le font fouler par l'éléphant : celui-ci mettant les pieds sur la poitrine, fait sortir les yeux de la tête, les entrailles du ventre et le sang de toutes les parties du corps. »

dégaîna un grand cimeterre et, tandis que le Père recommandait son âme à Dieu, il lui déchargea sur la tête un coup si terrible que le crâne fut fendu jusqu'aux oreilles. D'une voix haute et claire, le martyr remerciait Dieu de l'avoir conduit à ce bienheureux moment. Pendant ce temps les bourreaux avaient repris cœur. L'un d'eux, d'un nouveau coup, de pointe cette fois, enfonça le cimeterre de l'épaule droite jusqu'aux entrailles.

— Jésus ! Marie ! répétait le Père, baisant avec amour le crucifix qu'il inondait de son sang.

L'arme, à peine retirée, est remplacée par une autre. Un second bourreau, jaloux des exploits du premier, fait pénétrer son épée dans le même sens du côté gauche. C'est le coup de grâce. Le martyr est tombé la face contre terre. Son âme est allée rejoindre toutes celles dont il a, par son zèle, assuré le triomphe.

CHAPITRE X

La Gloire

CHAPITRE X

LA GLOIRE

Les prodiges : lumières sur les cadavres ; célestes concerts ; — le mort prédicateur ; — il revient toujours ! — du sang et de l'eau ; — parfum extraordinaire. — Le *Te Deum* de Goa. — Renommée de sainteté. — Les procès apostoliques. — Béatification.

Dieu a coutume de glorifier par des prodiges ceux qui n'hésitent pas à lui donner leur sang : il n'en manqua point autour de nos martyrs. Toutefois, c'est chose remarquable que toutes les merveilles, sauf la première qui fut commune à tous, se sont concentrées sur le cadavre du Bienheureux Denis de la Nativité. Vivant, il avait été pour ainsi dire l'âme de tous dans la résistance aux séductions et aux menaces. Mort, il fut aussi le témoin de tous. La plus étroite des fraternités n'est-elle pas celle du martyre ? Quand on y ajoute, comme nos deux bienheureux, les liens d'une commune profession religieuse, la gloire de l'un devient la gloire de l'autre : ce sont deux rayons d'un même soleil.

Les actes de la béatification énumèrent, comme *signes du martyre*, cinq prodiges différents (1) : apparition de lumière et audition d'harmonies ; incorruption ; phénomènes de transport ; effusion de sang ; odeurs suaves.

Trois nuits de suite on vit apparaître, au-dessus du lieu où les corps gisaient sans sépulture, de vives et nombreuses lumières, semblables aux torches d'une procession invisible. Il s'y joignait d'harmonieux concerts. Ces manifestations se reproduisirent plusieurs fois pendant un mois et demi, accompagnées de cette circonstance, que le Bienheureux apparaissait au milieu des lumières, prêchant en langue malaise comme il faisait

(1) Philippe de la Sainte-Trinité en compte huit parce que, d'une part, il y comprend les paroles prophétiques (voir plus haut) et, d'autre part, il divise en trois ce que, à l'exemple des actes officiels, nous appelons d'un seul titre : phénomènes miraculeux de transport.

avant de recevoir le coup de la mort. — « Qu'est-ce que cela signifie ? » demandaient aux Hollandais les Atchinois terrifiés. Et, tout hérétiques qu'ils étaient, ceux-ci ne pouvaient que répondre : « Vous avez fait mourir des innocents. Dieu les veut honorer par des témoignages visibles de leur gloire. »

Le climat d'Atchin, à la fois pluvieux et chaud, est tout à fait contraire à la conservation des cadavres. Ceux des compagnons du B. Denis, y compris celui du B. Rédempt lui-même, subirent la loi commune : en peu de temps ils furent consumés. Mais il n'en fut pas de même pour le Père. Son corps « demeura aussi beau et aussi entier que s'il eût été vivant, ne manquant pas un seul poil de la barbe ni un seul cheveu de la couronne. On reçut le rapport de cette merveille sept mois après son glorieux trépas et un chrétien qui le vit assura qu'il semblait être encore plein de vie (1) ».

Ces choses extraordinaires ayant été rapportées au roi, il alla en personne voir le saint corps et, n'imaginant rien de mieux pour s'en débarrasser, mû peut-être aussi par une

(1) *Voyage d'Orient*, p. 518.

crainte superstitieuse, il ordonna de lui faire des funérailles solennelles. Une fosse très profonde fut creusée à cet effet, à quelque distance de l'endroit du martyre, et ils l'y déposèrent avec toutes les cérémonies en usage pour les plus grands seigneurs. Or, à peine les obsèques étaient-elles terminées, le cadavre sorti invisiblement de la tombe se retrouvait au même lieu et dans la même position qu'auparavant. Le fait se produisit deux fois.

Alors on s'avisa d'un autre moyen. Des marins mirent le corps dans une barque et le portèrent jusque vers les îles des Exilés, situées (nous l'avons dit plus haut) à environ deux lieues de la côte. Avant d'y arriver, ils le laissèrent couler dans la mer avec une grosse pierre et « une certaine sorte de corde du pays qui est très forte ». Quel ne fut pas leur étonnement lorsque, revenus au rivage, ils y retrouvèrent le martyr dans la même posture qu'au moment où ils l'en avaient ôté ! Quant à la corde et à la pierre, elles avaient disparu. Le sultan ne réussit pas mieux en le faisant jeter dans un bois qui n'était pas loin. Il avait compté sur la dent des bêtes fauves, dont ce bois était plein ;

mais on n'y eut pas plutôt abandonné le saint corps qu'au même instant on le rencontra en son lieu ordinaire. Dès lors le tyran, tant de fois vaincu, ne chercha plus de nouveaux expédients : il se borna à placer des gardes et à interdire l'accès de la plage où avaient lieu toutes ces merveilles.

Deux fois la dévotion fit braver cette défense, et ce fut l'occasion de deux nouveaux miracles.

Un matelot, qui avait servi sur la galère de l'ambassadeur, trouva moyen de s'approcher du corps un mois après le martyre et il essaya de couper un doigt qu'il comptait garder comme précieuse relique. C'était le petit doigt de la main gauche. Mais il ne l'eut pas plutôt entamé, à l'aide d'un couteau qu'il portait sur lui, que de la plaie jaillirent du sang et de l'eau. Le pauvre homme s'enfuit plein de frayeur et raconta aux chrétiens qui l'attendaient ce qui venait de se produire.

Cependant l'ambassadeur, dont la captivité se prolongeait (1), souhaitait ardemment

(1) Il resta prisonnier environ trois ans. Après le martyre des autres on l'avait (paraît-il) enfermé dans une cage de fer. Son neveu, Louis de Soza, fut condamné à périr écrasé par un éléphant.

de posséder au moins quelque chose ayant appartenu à son cher Père Denis, qu'il honorait déjà comme un protecteur. Il envoya donc, en lui promettant bonne récompense, un chrétien ; celui-ci parvint à couper un morceau de la tunique dont le cadavre était toujours couvert par dessous ses autres habits religieux. Quel devait être l'état de ce vêtement ? il sera facile de s'en faire une idée si l'on prend garde que le Père le porta sans doute durant toute sa captivité, qu'il avait été baigné de sang le jour du martyre et que, depuis lors, pendant des mois, il était resté exposé aux injures de l'air et même avait été mis deux fois dans la terre et plongé dans les flots. Eh bien, cette petite pièce d'étoffe qui eût dû exhaler des odeurs putrides était, tout au contraire, imprégnée d'un parfum si suave qu'aucun autre, parmi les plus doux, n'aurait pu lui être comparé.

Tous ces faits ne furent pas seulement connus des Indous et des Portugais : Mahométans et païens, Hollandais et Anglais en eurent connaissance et en portèrent la renommée de toutes parts. Mais l'accès du royaume d'Atchin étant devenu très difficile pour des catholiques, surtout portugais, depuis cette sanglante tragédie, on perdit de vue le saint corps. Nous savons seulement qu'à une époque indéterminée il fut enfin déposé dans un tombeau en pleins champs, sans qu'un signe, pas même un tertre de gazon, en indiquât la place. On dit pourtant que des manifestations surnaturelles se produisaient encore, par intervalles, dix années plus tard.

« Cependant en notre couvent de Goa, raconte le P. Philippe, nous reçûmes bientôt les heureuses nouvelles de ce martyre que l'on estima digne d'être célébré, et que l'on célébra effectivement avec un général applaudissement de toute la ville. Le nom, les vertus, les belles actions de ces généreux martyrs, et principalement du vénérable Père Denis résonnaient partout ; on en parlait avec des admirations et des louanges incroyables et nous crûmes qu'ayant plus d'intérêt que tous les autres en sa glorieuse mort, il n'eût pas été raisonnable de rester les derniers à lui déférer les honneurs qu'elle méritait et de demeurer en silence parmi les acclamations publiques. Nous mêlâmes donc nos voix au son des cloches. Nous chantâmes solennellement le *Te Deum* et, ayant présenté requête à l'archevêque de Goa, nous commençâmes de faire les informations et d'instruire le procès de son martyre (1). »

C'est pour en porter les pièces à Rome que le P. Philippe de la Sainte-Trinité reprit, l'année suivante, le chemin de l'Europe. De son côté, l'ambassadeur, une fois délivré, écrivit des lettres pressantes tant aux cardinaux de la Congrégation des Rites qu'aux supérieurs généraux de l'Ordre. La procédure suivit son cours à travers les sages lenteurs de ces sortes d'affaires. La volonté de Dieu n'était pas qu'elle aboutît si vite. Les enquêtes, entreprises à des dates diverses jusqu'au XVIIIe siècle, donnèrent du moins ce résultat, de réunir les témoignages de ceux qui avaient vu de leurs yeux le martyre et de ceux qui en avaient recueilli, fraîches encore, les premières rumeurs.

La mémoire des serviteurs de Dieu ne s'éteignit pas. Les marins, surtout les Normands et ceux qui naviguaient dans la dangereuse mer des Indes, invoquaient le saint pilote. Il n'y avait guère de couvents, dans le Carmel réformé, qui n'eût une image au moins des deux Vénérables. Celui de Flo-

(1) *Voyage d'Orient*, page 534.

rence, par exemple, possédait une peinture qui a été reproduite. Il n'y a pas longtemps, le musée de Rouen montrait encore un portrait, aujourd'hui disparu, de notre Bienheureux Denis. Ce portrait provenait de l'ancien couvent des Carmes déchaussés de cette ville. Enfin, dans la famille Berthelot, le culte de l'ancêtre était resté vivant, car nous trouvons, au commencement du XIXe siècle, un vieux prêtre, rejeton de cette famille, qui portait parmi ses prénoms celui de Denis.

Aussi parvint-on, quand l'heure de la Providence eut sonné, à reprendre et à mener à bien cette grande cause. « Qu'elle est belle ! s'écriait en présence d'un religieux de l'Ordre (1) le sous-promoteur de la Foi ; quelles sympathiques figures de saints, même s'ils n'étaient pas des martyrs ! » C'est en 1876 que l'affaire fut reprise. Depuis 1890 elle a été conduite avec vigueur par les soins de l'infatigable Postulateur des causes de l'Ordre des Carmes déchaussés, le très révérend Père Denis de sainte Thérèse. Enfin, le 25 mars 1900, a été rendu le dernier décret

(1) Le R. P. Spiridion de Marie Immaculée, auteur de la *Vita dei Martiri*, Milan 1900.

sur la constatation du martyre et l'on a procédé solennellement, le 10 juin suivant, dans la basilique de Saint-Pierre, à la cérémonie de béatification.

Nous ne saurions mieux clore notre histoire qu'en faisant assister le lecteur, par un récit fidèle, aux splendeurs de cette journée grandiose. Vraie journée du ciel, elle a laissé dans la mémoire de ceux qui en furent les heureux témoins un impérissable souvenir.

Les décorations d'usage ornaient la majestueuse façade. C'était d'abord une sorte d'oriflamme ou de grand étendard, descendant de la frise supérieure jusque sur la saillie de la *Loggia*. L'image des deux Bienheureux montant à la gloire y était peinte. Voilée jusqu'au moment de la lecture du Décret de béatification, elle fut alors découverte et l'on put admirer l'ensemble formé par le groupe central des martyrs et par les anges portant des couronnes ou sonnant de la trompette comme pour proclamer le triomphe de *ceux qui ont souffert* (1). Des palmes et des guirlandes de roses entouraient la grande toile.

(1) Une inscription, ajoutée au tableau, reproduisait ces paroles de l'apôtre saint Jacques (V, 11) : *Ecce beatificamus eos qui sustinuerunt.*

Si nos regards descendent au portique, voici la porte majeure ornée d'une splendide corniche dorée que surmontent les armoiries du Carmel. Là se voit un magnifique tableau représentant la capture des deux Bienheureux. Le génie de l'artiste s'est inspiré de la poésie intense que dégage la vie de ces deux héros, aussi grands religieux et zélés missionnaires qu'ils avaient été, l'un vaillant soldat, l'autre brave marin. Le sujet représenté est donc l'épisode que l'on peut appeler le début de leur lent martyre. Au fond, l'Océan tout resplendissant de lumière, avec les vaisseaux qui ont amené les Portugais. Parmi ceux-ci, les deux Bienheureux, en habit carmélitain, se détachent merveilleusement à côté de l'ambassadeur et des gens de sa suite, tous revêtus des riches costumes de l'époque. La résignation des premiers forme un vif contraste avec la physionomie des autres, capturés ou capturants, dont les uns se montrent stupéfaits et désespérés, les autres cyniquement railleurs.

Au-dessous de cette peinture où tout est remarquable, composition, dessin, coloris, se lit une inscription qui est due, comme celles dont nous parlerons encore (1), à Mgr Vincent Sarda. Les érudits romains ont gardé le secret du latin lapidaire qui raconte si noblement, sur les monuments antiques, les grands événements de l'histoire.

Chacune des deux portes latérales a aussi son inscription. Celle de droite est consacrée au B. Denis. Celle de gauche, au B. Rédempt.

Pénétrons maintenant à l'intérieur de la Basilique. L'ornementation est imposante. Des tentures de damas rouge à franges d'or retombent le long des pilastres. Aux arcades des chapelles sont suspendus des étendards.

C'est dans l'abside que vont se dérouler les cérémonies. Elle présente le plus brillant coup d'œil. Aux arcades latérales, deux étendards où sont représentés les détails du martyre de chacun des Bienheureux. Au centre, c'est-à-dire au milieu de la gloire qui domine la Chaire de saint Pierre, un tableau voilé où nous admirerons bientôt leur apothéose. Voilà pour la peinture. Mais la grande part ici revient à la lumière. « L'illumination, écrivait un témoin oculaire, est splendide et

(1) Voir, en appendice, le texte et la traduction française de ces inscriptions.

ménagée avec un bon goût qui en décuple l'effet. En haut, autour du tableau des Bienheureux, on a employé la lumière électrique. Il y a quinze lustres à dix-neuf lumières chacun, puis quatre autres en forme de bouquets. Viennent alors les cierges. On peut affirmer que, tout compris, lustres, corniches, guirlandes, il s'en trouve aisément deux mille. »

Et dans cet éclatant décor se range la plus brillante assemblée du monde. Outre les personnages officiels et les nombreux invités qui occupent des tribunes spéciales, trente mille fidèles, accourus de tous les quartiers de Rome, se pressent pour entendre décerner les honneurs des autels à deux pauvres religieux.

Cependant voici l'heure. Le vénérable chapitre de Saint-Pierre fait processionnellement son entrée, ayant à sa tête S. E. le Cardinal Rampolla, archiprêtre de la Basilique. Puis vient la Sacré Congrégation des Rites : d'abord les éminentissimes cardinaux qui la composent ; puis le secrétaire ; les promoteur et sous-promoteur de la foi ; les consulteurs ; enfin ceux qui font partie de la postulation de la cause et parmi eux, au premier rang, le très révérend Père Général des Carmes déchaussés avec le R. P. Denis de Sainte-Thérèse, Postulateur des causes de l'Ordre, aux labeurs et aux soins duquel on doit le triomphal succès de cette fête. L'impression devient de plus en plus saisissante. Un grand silence se fait. L'on sent qu'il va se passer quelque chose de solennel.

Quand tout le monde a pris place, le Père Postulateur se lève et, se dirigeant sous la conduite du maître des cérémonies vers le Cardinal Aloïsi Masella, Préfet intérimaire de la Congrégation des Rites, lui demande de bien vouloir faire exécuter le Bref décernant le titre de bienheureux et les honneurs des autels aux deux martyrs Denis de la Nativité et Rédempt de la Croix. Puis la même demande est adressée par le secrétaire de la Congrégation au Cardinal-Archiprêtre. Les consentements sont donnés. Mgr Quattrocchi, substitut du sous-archiviste du chapitre du Vatican, monte dans la chaire préparée à cet effet et lit, à haute et intelligible voix, le Bref dans lequel, après avoir redit la vie et les supplices des deux glorieux enfants du Carmel, le Souverain Pontife décrète que désormais, de par l'autorité apostolique, Denis de la Nativité et Rédempt de la Croix, Carmes déchaussés, auront le titre de bienheureux, que leurs images entourées de l'auréole seront proposées à la vénération des fidèles, que chaque année on récitera leur office et on dira la messe en leur honneur dans les églises du Carmel, enfin que les solennités de la béatification seront célébrées d'abord à Saint-Pierre, ensuite (durant l'année) dans toutes les églises de l'Ordre.

Que se passe-t-il, pendant cette lecture, dans l'âme des nombreux Carmes dont nous voyons la blanche troupe emplir toute une tribune, en face des cardinaux, du côté de l'épître ? Le moment où l'émotion monte à son comble, c'est quand, le Bref étant lu, le prélat officiant, Mgr Gennari, archevêque de Lépante et assesseur du Saint-Office, entonne le *Te Deum*. A cet instant précis, le voile qui recouvrait l'image des bienheureux tombe soudain et, au milieu des flots de lumière, ils apparaissent radieux. Leurs regards sont fixés sur une beauté invisible à nos yeux mortels. Leur front orné du nimbe de la gloire, leur visage que transfigure une joie toute céleste, les couronnes et les palmes apportées par les Anges, tout nous dit, comme la sainte Eglise, qu'ils sont bienheureux. « Et nous, s'écrie un des religieux qui assistèrent à la cérémonie, nous les contemplons. Ce sont nos frères, des fils de sainte Thérèse et de saint Jean de la Croix comme nous, ces glorieux martyrs ! Tandis que nous chantons avec le chœur l'hymne de la reconnaissance, l'émotion nous étreint et nos larmes, éteignant nos voix, redisent seules à Dieu notre gratitude et notre bonheur. »

Après le *Te Deum*, l'Archevêque chante l'Oraison des bienheureux (1), encense leur image puis revêt les ornements pour la messe qui suit aussitôt. Inutile d'en retracer les pompes : imaginez une messe pontificale en présence de douze cardinaux ! Pendant qu'elles se déroulent, accompagnées des chants de la Chapelle Julienne, ce qui absorbe nos esprits et nos cœurs, c'est Notre-Seigneur Jésus descendant sur l'autel, prenant nos adorations, nos actions de grâce, nos supplications et aussi nos repentirs pour en faire, avec l'offrande de son corps et de son sang, une hostie sainte, vivante, qui né-

(1) Cette oraison, ainsi que les deux autres de la messe (secrète et postcommunion), se trouve, traduction et texte, en appendice à la fin de cette histoire.

cessairement doit plaire à Dieu. En même temps, au pied du trône de ce même Agneau toujours immolé, nos bienheureux Denis et Rédempt ont jeté leurs palmes, chantant avec tous les élus qu'à Lui, roi immortel des siècles, revient tout honneur, toute gloire et toute gratitude. Oh ! le bon, le généreux Maître que celui qu'ils ont servi. Ils lui ont donné, c'est vrai, tout leur sang. Mais voici que lui-même ne cessera plus de remplir leurs mains glorifiées de son propre sang, versé une fois pour leur salut et qui continuera de l'être mystiquement en leur honneur sur l'autel ; et des mérites de ce sang divin ils seront en quelque sorte les maîtres pour en tirer des bénédictions, des grâces et les répandre sur ceux qui les invoqueront. Pour un sacrifice héroïque, mais d'un moment, quelle récompense ! et éternelle !

La cérémonie du matin prit fin un peu après midi. Celle du soir était indiquée pour quatre heures et demie.

Toute béatification comprend, en effet, deux fonctions solennelles. La première est celle que nous venons de décrire. Elle ne comporte pas la présence du Pape. C'est que si la béatification est bien un acte émané de la puissance apostolique et déclarant que telle personne, après une vie pleine de mérites, a reçu de Dieu la jouissance de l'éternelle béatitude, elle n'est pas encore la sentence définitive. Celle-ci n'intervient que dans la canonisation. Alors le Souverain Pontife prononce solennellement ; il déclare la sainteté ; il ordonne que le personnage soit honoré par tous les fidèles. En béatifiant, il ne fait que concéder et permettre un culte public, mais encore limité. Voilà pourquoi, dans ce cas, il ne promulgue pas lui-même le Décret. Mais, l'après-midi du jour où la promulgation a été faite, il vient en grande pompe vénérer les nouveaux Bienheureux, recevoir les remerciements et les offrandes de la postulation.

On conçoit que la joie de voir le Souverain Pontife et de recevoir sa bénédiction ait attiré à Saint-Pierre, ce 10 juin 1900, la foule des pèlerins que l'année sainte avait appelés à Rome et qui s'y trouvaient présents ce jour-là. Le concours fut extraordinaire. Dès longtemps avant l'heure annoncée, la vaste place se couvrait d'une fourmilière humaine. On évalue à cinquante mille le nombre des assistants à cette nouvelle et dernière cérémonie. Dans la tribune diplomatique, avec l'ambassadeur de Belgique, se trouvent ceux d'Autriche et de Portugal ainsi que le secrétaire de l'ambassade de France représentant son chef absent. L'aristocratie romaine est au poste. Le peuple est venu en foule compacte. Un souffle d'enthousiasme soulève toute cette foule. On sent que, malgré toutes les défenses, cet enthousiasme tout à l'heure va éclater.

Un mouvement se produit. Léon XIII apparaît, porté sur la *Sedia gestatoria*. Les applaudissements éclatent; les cris de : Vive le Pape ! Vive le Vicaire de Jésus-Christ ! retentissent. Allez donc retenir l'élan de cinquante mille cœurs.

C'est sous l'impression de cette inoubliable scène que s'ouvre la série des cérémonies liturgiques. Après que le Pape a prié quelque temps, on expose le très saint Sacrement que Léon XIII encense lui-même. Puis le chœur entonne l'hymne des vêpres du Commun de plusieurs Martyrs avec le verset et l'oraison. Enfin le *Tantum Ergo* et la bénédiction, pour laquelle officie un prélat belge, Mgr de Necker.

Ensuite, ont lieu les offrandes et les présentations. Le très révérend Père Postulateur, n'ayant point à présenter des reliques de nos bienheureux puisqu'il n'a pas plu à Dieu de conserver leur corps, offre du moins au Souverain Pontife un magnifique reliquaire contenant leur image en miniature. Puis Léon XIII veut bien bénir les membres présents de la famille du B. Denis, M. Paul Bréard avec sa sœur et sa nièce. Enfin ayant reçu l'hommage des cardinaux, Sa Sainteté se retira suivie de nouvelles acclamations (1).

Et maintenant, qu'ils daignent, nos frères glorifiés, nos proto-martyrs, user de leur puissance auprès de Dieu pour le bien spirituel et pour l'accroissement du grand Ordre où ils ont puisé leur sève. « Oh ! faites, leur dirons-nous, que cette sève ne se tarisse pas ; mais plutôt qu'elle déborde ; que, dans ces

(1) N'oublions pas de dire que Mgr Annette, évêque de Bayeux et Lisieux, s'était fait représenter à la cérémonie. Depuis, sa Grandeur a voulu encore honorer la mémoire du Bienheureux, enfant de son diocèse, en publiant un remarquable mandement dans lequel, après avoir résumé la vie du martyr, l'éminent prélat l'offre en modèle à son peuple et en particulier à ces « braves marins de nos côtes normandes » dont il a connu par expérience la vie « si dure et semée de tant de périls ».

temps mauvais, le Carmel soit toujours, qu'il soit de plus en plus, l'oasis heureuse et féconde où croissent les doux fruits de la prière, les roses de la mortification, les palmes même du martyre. Fils de sainte Thérèse, nous reconnaissons en vous son esprit véritable, l'esprit qui doit nous animer tous. Priez afin qu'il vive dans nos âmes et qu'un jour, plus nombreux, plus puissants en paroles et en œuvres, plus fervents à l'oraison, plus empressés aux saintes fatigues de l'apostolat, les Carmes déchaussés se pressent autour de vous, avec une joie nouvelle, pour vous voir décerner les suprêmes honneurs de la canonisation. »

A vous, lecteurs de ce petit livre, d'en avancer l'heureuse époque par vos prières. Si vous avez trouvé quelque plaisir à parcourir ces pages, si surtout vous y avez ressenti (comme nous osons l'espérer) quelque bienfaisante influence de la grâce, alors, nous vous le demandons, priez, priez beaucoup. Avez-vous des difficultés à vaincre, des peines à supporter, des faveurs à obtenir, voyez nos Bienheureux ; leurs mains sont pleines, votre bonheur sera leur gloire. Ajoutez votre confiance, indispensable au succès de la prière, et demandez. Une fois de plus on verra se réaliser l'oracle évangélique : Tout ce que vous demanderez en mon nom, dit le Seigneur, ce sera accordé.

APPENDICES

I. — Inscriptions qui, le 10 juin 1900, ont décoré la façade et l'abside de Saint-Pierre, pour la cérémonie de Béatification.

II. — Oraisons de la messe des Bienheureux.

I

INSCRIPTIONS DE SAINT-PIERRE

1° Au-dessous du tableau, représentant l'arrestation des martyrs, lequel dominait la porte centrale du Portique :

Dionysius. A. Nativitate. Et. Redemptus. A. Cruce.
E. Karmelitide. Excalceator. Familia.
Ad. Exsulum. Insulam. prope. Sumatram.
Cum. Oratore. Lusitano. Appulsi.
Exscensione. Vix. Facta.
Jussu. Achenor. Regis. Christ Nominis Infensissimi.
Nexi. In. Custodiam. Trahuntur.

Denis de la Nativité et Rédempt de la Croix — de la famille des Carmes déchaussés — Ayant abordé avec l'ambassadeur portugais — à l'île des exilés près Sumatra — A peine le débarquement effectué — par ordre du roi d'Atchin ennemi juré du nom chrétien — sont enchaînés et traînés en captivité.

2° Inscription de la porte latérale de gauche :

Leo XIII Pont. Max.
Cœlit. Beat. Honores. Hoc. Die. Adtribuit.
Thomæ. Rodriguez. De. Cunha. Lusitano.
Qui. Adolescens. In. Indiam. Profectus.
Stipendia. Merens. Strategus. Ob. Merita. Factus. Est.
Virtute. Bellica. Morumq. Simul. Sanctitate. Præstitit.
Spes. Fluxas. Despiciens.
In. Karmelit. Excalceator. Fam. Accensus. Cooptatus.
Redemptus. A. Cruce. Vocatus. Est.
Miles. Christi. Quam. Mundi. Audentior.
Dato. Libenter. Sanguine.
Sumatra. In. Insula. A. Barbaris. Confossus.
Martyrium. Fecit.

Léon XIII Souverain Pontife — Accorde aujourd'hui les honneurs des Bienheureux — à Thomas Rodriguez de Cunha Portugais — qui, parti tout jeune pour l'Inde, — y mérita au service militaire le grade de capitaine — et se distingua par la sainteté de ses mœurs autant que par sa valeur guerrière. — Méprisant les espoirs qui passent — il se fit admettre dans la famille des Carmes déchaussés. — Il fut appelé Rédempt de la Croix. — Plus valeureux soldat du Christ qu'il ne l'avait été du monde — il donna volontiers son sang. — A Sumatra, percé de traits par les Barbares, — il accomplit son martyre.

3° Inscription de la porte latérale de droite :

Petrus. Berthelot. Natione. Gallus.
Rei. Nauticæ. A. Puero. Addictus.
Lusitanæ. Classis. Magister. Per. Mare. Indicum.
Rege. Achenor. Piratis. Hollandis. Aliis. Christ. Nom. Hostibus.
Non. Uno. Certamine. Superatis.
Sui. Victor. Honores. Abdicans.
Karmelitidi. Excalceator. Familiæ. Nomen. Dedit.
Dionysius. A. Nativitate. Dictus.
Sanctimoniæ. Laudem. Qua. Semper. Floruerat
Fuso. Pro. Christo. Sanguine.
Martyrii. Gloria. Cumulavit.
Huic. Leo XIII. Pontifex. Maximus.
Hodie. Beator. Cœlit. Triumphum. Decernit.

Pierre Berthelot, français de nation — appliqué dès l'enfance à l'art nautique — maître des flottes portugaises dans la mer des Indes - Après avoir vaincu en divers combats — le roi d'Atchin, les pirates hollandais et d'autres ennemis du nom chrétien. — Victorieux de lui-même abdiqua les honneurs — et se fit admettre dans la famille des Carmes déchaussés. — On l'appela Denis de la Nativité. — A la sainteté que l'on vit toujours briller en sa personne — son sang répandu pour le Christ — a ajouté la gloire du martyre. — A lui, Léon XIII, souverain pontife, — décerne aujourd'hui la palme des bienheureux au ciel.

4° Inscription de l'abside, au-dessous du tableau représentant la mort du B. Rédempt :

B. Redemptus. A. Cruce.
Ordinis. Carmelitarum. Discalceatorum.
Atchin. In. Insula. Sumatra.
Testimonio. Fidei. Probatus.
Martyrii. Palmam. Consequitur.
Anno. Domini.
MDCXXXVIII

Le B. Rédempt de la Croix — de l'Ordre des Carmes déchaussés — à Atchin dans l'île de Sumatra — rend témoignage à la foi — et conquiert la palme du martyre — l'an du Seigneur — 1638.

5° Inscription de l'abside, au-dessous du tableau représentant la mort du B. Denis :

B. Dionysius. A. Nativitate.
Ex. Ordine. Carmelitarum. Discalceatorum.
Atchin. In. Insula. Sumatra.
Post. Gloriosam. Fidei. Confessionem.
Martyrio. Coronatur.
Anno. Domini.
MDCXXXVIII

Le B. Denis de la Nativité — de l'Ordre des Carmes déchaussés — à Atchin dans l'île de Sumatra — après une glorieuse confession de foi — est couronné martyr — l'an du Seigneur — 1638.

II

ORAISONS DE LA MESSE DES BIENHEUREUX

Collecte.

Deus qui mirabili dispositione Beatos Dionysium et Redemptum per maris pericula ad palmam Martyrïi conduxisti, eorum intercessione concede ut inter mundanas varietates et sæcularia desideria fideles usque ad mortem in tui nominis confessione maneamus. Per Dominum nostrum... etc.

O Dieu qui, par une disposition admirable, avez conduit les Bienheureux Denis et Rédempt à travers les périls de la mer jusqu'à la palme du martyre, accordez-nous, par leur intercession, que, parmi les fluctuations de ce monde et les caprices du siècle, nous demeurions fidèles à confesser jusqu'à la mort votre saint nom. Par N.-S. J.-C...

Secrète.

Propitius esto, Domine, supplicationibus nostris, et intercessione Beatorum Martyrum Dionysii et Redempti omnium nostrum ad te corda converte ut a mundanis cupiditatibus expediti te solum pura mente sectemur. Per Dominum...

Soyez propice, Seigneur, à nos supplications et, par l'intercession des Bienheureux Martyrs Denis et Rédempt, tournez vers vous nos cœurs à tous, de sorte que, dégagés de tous désirs mondains, nous ne cherchions que vous seul d'un cœur pur. Par N.-S. J.-C.

Postcommunion.

Cœlestibus refecti Sacramentis et gaudiis supplices te Domine deprecamur ut qui de

Beatorum Dionysii et Redempti triumpho lætamur, eorum patrociniis æternæ vitæ gaudia consequamur. Per Dominum...

Restaurés par les célestes joies du Sacrement, nous vous adressons, Seigneur, une suppliante prière afin que, nous réjouissant du triomphe des bienheureux Denis et Rédempt, nous acquérions, par leur patronage, les joies de la vie éternelle. Par N.-S. J.-C...

TABLE DES MATIÈRES

Chapitre premier. — Premières années du bienheureux Denis (1600-1619) 3
Chapitre II. — De Normandie aux Grandes Indes (1620-1621). 19
Chapitre III. — Appels divins (1621 1629). . . . 37
Chapitre IV. — Les missions et le Carmel. . . 53
Chapitre V. — Le pilote royal (1629-1634). . . 79
Chapitre VI. — Le noviciat (1634-1635). . . . 101
Chapitre VII. — De la profession à la prêtrise (1635-1638). 119
Chapitre VIII. — Le Bienheureux Rédempt de la Croix 137
Chapitre IX. — Le combat 153
Chapitre X. — La gloire. 177
Appendices 209

Imprimerie BUSSIÈRE. — Saint-Amand (Cher).

www.ingramcontent.com/pod-product-compliance
Ingram Content Group UK Ltd.
Pitfield, Milton Keynes, MK11 3LW, UK
UKHW020243180726
13839UKWH00001B/135

9 782329 594262